ANALYSEN UND REFLEXIONEN
Band 86

Michael Zimmer

Martin Walser
Ein fliehendes Pferd

Interpretationen und Materialien

Joachim Beyer Verlag – Hollfeld

Gdt 1
WALS Zihm

Winterhude-Eppendorf

01

ISBN 3-88805-167-3

© 2000 by Joachim Beyer Verlag, 96142 Hollfeld
Alle Rechte vorbehalten!
Druck: Fips-Druck, 96142 Hollfeld

Inhaltsverzeichnis

Motto

„Solange etwas ist, ist es nicht das, was es gewesen sein wird. Wenn etwas vorbei ist, ist man nicht mehr der, dem es passierte. Allerdings ist man dem näher als anderen. Obwohl es die Vergangenheit, als sie Gegenwart war, nicht gegeben hat, drängt sie sich jetzt auf, als habe es sie so gegeben, wie sie sich jetzt aufdrängt."

Martin Walser, Ein springender Brunnen, 1998

„Schauspieler, seien wir doch mal ehrlich, sind in erster Linie Lügner. Je besser sie lügen können, desto bessere Schauspieler sind sie. Jetzt frage ich: Ist Lügen wirklich ein ernsthafter Job?"

Johnny Depp, amerikanischer Schauspieler

„Jetzt dagegen, da man doch weiß, dass es sich nicht so verhält, ist man nicht versucht, Dich zu bedauern, wohl aber zu wünschen, dass die Verhältnisse Deines Lebens Dich einmal in ihre eisernen Schellen einschrauben und Dich zwingen, das, was in Dir steckt, ans Licht kommen zu lassen, dass sie einmal mit der schärferen Examination beginnen, die sich nicht mit Geschwätz oder Witzen zufrieden gibt."

S. Kierkegaard, Entweder – Oder

„In diesem Fahrenlassen und Ergreifen, in diesem Fliehen und Suchen glaubt man wirklich eine höhere Bestimmung zu sehen; man traut solchen Wesen eine Art von Wollen und Wählen zu und hält das Kunstwort >Wahlverwandtschaften< für vollkommen gerechtfertigt."

J. W. Goethe, Die Wahlverwandtschaften

Vorwort

Die Novelle „Ein fliehendes Pferd" gehört seit gut einem Jahrzehnt zum Literaturkanon des Deutschunterrichts in der gymnasialen Oberstufe.

Die Entscheidung, dieses artistische Sprachkunstwerk im Literaturunterricht zu behandeln, hängt sicherlich nicht nur mit der künstlerisch-ästhetischen Dimension der Novelle zusammen oder mit der in ihr entworfenen fiktionalen Welt, die den heutigen Leser nicht nur über die spannende Erzählweise in ihren Bann zieht, sondern auch mit der Spiegelfunktion dieser epischen Form, die es dem Leser ermöglicht, sich seiner eigenen gesellschaftlichen Gegenwart auf verschiedenen Ebenen und unter unterschiedlichen Aspekten zu nähern.

Gerade diese vielschichtige Qualität lässt diese Novelle für den Rezipienten zu einem Anziehungspunkt werden, dem er sich nur schwer versagen kann. Vielleicht liegen die Ursachen hierfür auch in der bedingungslosen Leidenschaft Martin Walsers, sich und seine Literatur der Wahrheitssuche zu verschreiben und gleichzeitig unter dieser zu leiden.

Einleitung

Martin Walser vermittelt dem Leser seine literarischen Charaktere und ihre Geschichte auf **sechs** Ebenen.

Die **erste** Ebene ist die der konkreten Handlung. Individuelle Figuren betreten die Bühne der literarischen Wirklichkeit und beziehen sich aufeinander. Ihre Verhaltensweisen, ihre fiktionale Individualgeschichte, ihre Gedankenwelt, ihre Welt-Anschauung, ihre Gewissheiten und Wirklichkeiten, ihre Gefühle, Hoffnungen und Ängste, ihre menschlichen und sozialen Katastrophen erscheinen dem Leser als personengebunden und einmalig.

Die **zweite** Ebene betritt der Leser, wenn er die literarischen Figuren in soziale und psychologische Zusammenhänge stellt. Handeln und Denken erhalten somit gesellschaftlichen und typologischen Charakter.

Die **dritte** Ebene bildet die philosophische Existenz der Figuren.

Sowohl die Seinsweise der Figuren als auch deren individuelle Reflexion der Wirklichkeit werden mit Hilfe der Existenzphilosophie konstruiert und definiert.

Die **vierte** Ebene wird mit Hilfe einer literaturhistorischen Betrachtung entfaltet. Die Bedeutung von Goethes „Wahlverwandtschaften" für Walsers Novelle steht dabei im Mittelpunkt.

Die **fünfte** Ebene ist die der mythologischen Symbolik. Mit Hilfe der mythologischen Deutung können verschiedene Motive, Bilder oder Verhaltensweisen der Protagonisten eine tiefere Verstehensebene erhalten.

Mit der Analyse der Erzählform betritt der Leser die **sechste** Ebene. Sie veranschaulicht, wie alle anderen Ebenen verwoben und eingebunden sind in die Gestaltungsstruktur der Novelle.

1. Der Inhalt

Helmut Halm und seine Frau Sabine verbringen seit elf Jahren ihren Urlaub in Nußdorf am Bodensee. In ihrer Ferienwohnung bei der Familie Zürn befinden sie sich in geschützter Lage. Von hier aus unternehmen sie ihre Ausflüge auf die Überlinger Seepromenade, beobachten Vorbeigehende, sitzen im Straßencafé und geben sich dem scheinbaren Nichtstun hin. Der Alltagstrott hat auch ihre Ehe erreicht. Ihre Sexualität findet nicht mehr statt. Helmut Halm hat für sich beschlossen, sich dem öffentlich propagierten sexuellen Leistungsdruck zu verweigern.

Ein zufälliges Wiedersehen mit seinem ehemaligen Schul- und Studienfreund Klaus Buch und dessen zweiter Ehefrau Helene auf der Seepromenade wirbelt vor allem das Leben beider Männer vollständig durcheinander. Sie fliehen vor ihrem Leben. Beide sind beschädigt und verletzt, beide suchen sie Rettung. Halm sucht in der Verstellung Sicherheit und Schutz, indem er immer neue Verhaltensweisen ausprobiert, als Scheinproduzent sich gegen die Erwartungen anderer verweigert und die Ferienzeit nützt, sich in seiner Ferienwohnung zu vergraben, um bei den Existenzphilosophen moralische Aufrüstung zu finden.

Klaus Buch flieht vor seinem beruflichen Versagen in die Welt der sportlichen und sexuellen Aktivität. Neben dieser hält er viel auf seine jugendliche Erscheinung. Als Sechsundvierzigjähriger „leistet" er sich eine achtzehn Jahre jüngere Frau, die er dominiert, damit sie seinen Bedürfnissen nach narzistischer Bestätigung und Kompensation entspricht. Beruflich als Journalist nicht gerade erfolgreich, soll Helene seine Niederlagen durch ihr Aussehen und durch eigene, allerdings von ihm initiierte Arbeiten, kompensieren. Sie ist seine „Trophäe", die ihr eigenes Leben aufgegeben hat, um als psychische und ästhetische „Lebenshilfe" für Klaus da zu sein.

Im Laufe einer gemeinsamen Wanderung auf den Höchsten kommt es zu einer Begegnung mit einem fliehenden Pferd. Klaus fängt es ein, und beide Männer geben jener Aktion eine tiefere Bedeutung. Sie können sich mit dieser „leidenschaftlichen Existenz" identifizieren.

Helmut möchte Klaus entfliehen, da dieser ihn bei der Schein-produktion stört, ihn immer wieder mit seiner Vergangenheit konfrontiert und bloßstellt vor sich und den anderen. Je mehr Helmut die Fluchtbewegung betreibt, umso stärker bedrängt ihn Klaus in der Hoffnung, dieser könne ihn durch seine schein-bare Biederkeit und bürgerliche Bodenhaftung erretten. Bei einer Segelpartie auf dem Bodensee kommt Sturm auf, und es beginnt für Klaus Buch der leidenschaftliche Kampf mit den Naturelementen. Helmut Halm erfährt diese existenzielle Her-ausforderung als Todesangst. Im Verlauf der Auseinanderset-zung auf dem Boot geht Klaus Buch über Bord und wird vermisst. Helmut Halm kann sich retten.

Er, seine Frau Sabine und Helene treffen sich danach in der halmschen Ferienwohnung hinter den vergitterten Fenstern, wo im Verlauf des Gesprächs die Wahrheit ans Licht kommt. Helene beschreibt nun die wahre Welt des Klaus Buch. Nichts ist so, wie es scheint. Zwischen Leistungsdruck und materiel-len Zwängen, zwischen Jugendwahn und Ausbeutung seiner jungen Frau findet das nach außen scheinbar leichte und sorg-lose Leben Klaus Buchs statt. Die Flucht hat ein Ende. Vor den Trümmern der Scheinproduktion wird Helene bewusst, wie sie von ihrem Narziss ausgebeutet und benutzt wurde.

Als überraschenderweise Klaus Buch an der Tür der halmschen Ferienwohnung steht und Helene abholen möchte, endet diese unerhörte Begebenheit.

Für Helmut und Sabine Halm beginnt mit dieser Begegnung jetzt ein neuer Abschnitt. Im Bewusstsein dessen, dass Klaus und Helene auch nur überdimensionierte Scheinproduzenten sind, machen sie sich auf, neue Wege des Daseins auszupro-bieren. Vor allem Helmut findet von der Objektrolle in die Subjektrolle. Er und seine Frau werden aktiv, und Helmut Halm ist nun in der Lage, über sich und sein Leben mit Sabine zu sprechen. Spontan entscheiden sie sich, den Urlaubsort zu verlassen. Sie besteigen den Zug nach Montpellier. Unterwegs beginnt Helmut seiner Frau Sabine seine Geschichte zu er-zählen, die mit dem Erzählanfang der Novelle identisch ist. Somit wird sich Helmut Halm seiner eigenen Existenz bewusst.

2. Das Motto der Novelle

Bevor der Erzähler mit der eigentlichen Begebenheit beginnt, stellt er der Novelle ein Motto voran. Es handelt sich hierbei um ein Zitat aus dem Werk „Entweder – Oder" des dänischen Existenzphilosophen und Theologen Sören Aarbye Kierkegaard (1813-1855):

>>Man trifft zuweilen auf Novellen, in denen bestimmte Personen entgegengesetzte Lebensanschauungen vortragen. Das endet dann gerne damit, dass der eine den andern überzeugt. Anstatt dass also die Anschauung für sich sprechen muss, wird der Leser mit dem historischen Ergebnis bereichert, dass der andre überzeugt worden ist. Ich sehe es für ein Glück an, dass in solcher Hinsicht diese Papiere eine Aufklärung nicht gewähren.<<[1]

Der Erzähler findet bei Kierkegaard scheinbar Unterstützung für seine Erzählintention. Mit seiner Novelle möchte er nicht den moralischen Zeigefinger erheben oder ein Lehrstück mit moralischen Werturteilen praktizieren, sondern eine Anschauung selbst soll zu Wort kommen nicht im Sinne einer ideologischen Weltanschauung, sondern einer Weltbetrachung und -beschreibung, die für sich allein spricht.

Ein weiterer Hinweis auf die Bedeutung dieses Zitats findet sich im Kapitel „Reflexion des Tragischen" (in: Entweder/Oder). Darin konfrontiert Kierkegaard die antike Tragödie mit dem Gefühl des Tragischen in „der Moderne". Der antiken Tragödie spricht er eine echte Trauer zu, dem modernen Tragischen eher einen Schmerz, der zum Komischen tendiere und daher tiefer liegt. Seiner Auffassung nach geht der Schmerz aus einer Reflexion auf das Leiden hervor, welches darauf beruht, dass in seiner Zeit alle substanziellen Bestimmungen von Familie, Staat und Geschlecht verloren gegangen sind. Während das antike Tragische in einem objektiven Konflikt wurzele, liege das moderne Tragische in dem subjektiven Konflikt, dass das Indi-

---

1   Martin Walser, Ein fliehendes Pferd, Frankfurt a.M. 1980, S. 7

viduum sein eigener Schöpfer werden müsse und damit zwangsläufig zur Sünde verurteilt sei.[2]

Die Betrachtung individueller Lebensweisen und ihrer Entwürfe kann demnach nur auf ihrer Selbstaussage beruhen, so dass der Erzähler sich mit ihrer Darstellung begnügen muss. Somit wird auch der Leser im Sinne der existenzialistischen Philosophie auf seine individuelle und unteilbare Deutung des Geschehens determiniert, und nur aus seiner eigenen Lebenspraxis und ihrem intrapersonalen Verständnis kann die unerhörte Begebenheit Relevanz gewinnen.

Hinter Kierkegaards Zitat verborgen findet der Leser das Motto der französischen Existenzialisten Jean Paul Sartre und Albert Camus, die davon sprechen, dass der Mensch hineingeschleudert sei in die Welt und ihm keiner helfen könne als er selbst. Vielleicht beinhaltet diese Aussage Tragik und Chance zugleich sowohl für den Erzähler und seine Figuren als auch für den Leser.

2   C.Hubig, Reflexion, Rückzug und Entwurf – Vom klassischen Genius zum existierenden Ich. Zur Philosophie und Kunst nach Goethes Tod. In: Propyläen Geschichte der Literatur, Das bürgerliche Zeitalter 1830-1914, Bd.5, Frankfurt a. M., Berlin 1988, S. 64

3. Die Personen

3.1 Helmut Halm

Im ersten Kapitel findet der Leser die Halms im Café auf der Bodenseepromenade in Überlingen beim Beobachten der Passanten vor.

Helmut Halm ist ein etwa 46-jähriger promovierter Oberstudienrat, der mit seiner Frau Sabine seit elf Jahren seine Ferien am Bodensee in Nußdorf (einem Stadtteil von Überlingen) in einer Ferienwohnung der Familie Zürn verbringt. Er arbeitet am altehrwürdigen Stuttgarter Eberhard-Ludwig-Gymnasium. Die Halms haben Kinder und besitzen ein Haus im Sillenbuch, einem gutbürgerlichen Stuttgarter Stadtteil. Halm liest viel, verachtet nicht die leiblichen Genüsse, trinkt und isst gut und gerne und hat dementsprechend einen Bauch. Sein Körper- und Lebensgefühl besitzt dennoch keine positiven Apsekte. So kommt er sich in hellen Hosen komisch vor.

„Wenn er keine Jacke anhatte, sah man von ihm wahrscheinlich nichts als seinen Bauch." (S. 10). Seine Ehe erfährt er als reizlos und grotesk. „Ein alt werdendes Paar, das stumm auf Caféstühlen sitzt und der lebendigsten Promenade zuschaut, sieht komisch aus. Oder trostlos." (S. 12). An seiner Frau Sabine kann er keine erotischen Reize feststellen. Er sieht ihre Makel. „Bei Sabine hat die Sonne bis jetzt noch nichts bewirkt als eine Aufdünsung jedes Fältchens, jeder nicht ganz makellosen Hautstelle. Sabine sah grotesk aus." (S. 12). „Schau dir doch ihr Lächeln an. Wahrscheinlich hast du, ohne es zu merken, in diesem Augenblick ganz genau das gleiche abschüssige Lächeln im Gesicht." (S. 17)

Diese parallelen Gespräche – das gesprochene und das stumme – verraten, dass die Beziehung zwischen Helmut und Sabine Halm in einer Krise ist. In Helmuts intrapersonaler Rede wird seiner Sichtweise der Dinge zusätzliche Verachtung beigemengt, eine besonders destruktive Emotion, über deren Wirklichkeit Helmut erschrickt, vielleicht auch deshalb, weil er sich ertappt fühlt und sich ihrer schämt.[3] Ein resignativ-pessimistisches Selbstbewusstsein und die Vorstellung, von anderen ständig in die Opferrolle gedrängt zu werden, bilden die Grundlage dieses Lebensgefühl. „In Stuttgart musste er erleben, wie in der Nachbarschaft und in der Schule – und zwar bei Kollegen und bei Schülern – die Kenntnis über ihn zunahm. An ihm war der Spitzname *Bodenspecht* hängengeblieben. Das zeigte ihm, dass er mit einer geradezu höheren Art von Genauigkeit erfasst, durchschaut und bezeichnet war. Jedesmal, wenn ihm das Erkannt- und Durchschautsein in Schule oder Nachbarschaft demonstriert wurde, die Vertrautheit mit Eigenschaften, die er nie zugegeben hatte, dann wollte er fliehen. Einfach weg, weg, weg. Die benützten Kenntnisse über ihn, deren Richtigkeit er nicht bestätigt hatte. Sie benützten sie zu seiner Behandlung. Zu seiner Unterwerfung. Zu seiner Dressur. Die wussten ihn zu nehmen. Und je mehr die ihn zu nehmen wussten, desto größer wurde seine Sehnsucht, wieder unerkannt zu sein... Jetzt blieb ihm nur noch die Flucht. Ein-, zweimal im Jahr. Der Urlaub eben." (S. 12f)

Um diesem Lebengefühl und der Opferrolle zu entgehen, begibt sich Helmut auf die Flucht. Er begibt sich in die Rolle des „zynischen Darstellers"[4]. Halm zieht sich vom gesellschaftlichen Leben zurück und benützt hierfür auch seine Frau Sabine. „Außer Sabine durfte es niemand bemerken. Sie musste sogar mitmachen, sonst kam er nicht weg." (S. 69)

Fliehen möchte er auch vor seiner Sexualität. Sexualität findet zwischen den Eheleuten nur noch selten statt, seit dem Zeitpunkt, als Helmut Halm in einem Hotelzimmer im italienischen Grado seinen Nachbarn bei der Ausübung eben dieser hörte. In ihm entstand das Bild eines „riesigen Hammers" (S. 65), welchem er nicht gerecht werden konnte und wollte. Hätte er weiter seine Sexualität gelebt, wäre zweifelsohne ein ständi-

---

3   vgl. zu diesem Beziehungskomplex der „ehelichen Bruchlinien" die Arbeit von D. Goleman: Emotionale Intelligenz, München 1996, S. 172f

4   E. Goffman, Wir alle spielen Theater, Die Selbstdarstellung im Alltag, München 1985, S. 23. Unter >>Darstellung<< versteht Goffman das Gesamtverhalten eines Einzelnen, das er in Gegenwart einer bestimmten Gruppe von Zuschauern zeigt und das Einfluss auf diese hat. Hierzu auch: Materialienteil

ger ohnmächtiger Vergleich mit dieser anonymen Macht eingetreten. Dieser „riesige Hammer" stand für Helmut Halm im „Einvernehmen mit der Epoche" (S. 66). Das Zeitalter der unbegrenzten Lustbefriedigung und ihrer Steigerung sieht Halm auch von den Massenmedien propagiert. Diese setzen Höchstleistungsnormen fest, indem sie etwa ideale Männer- oder Frauenbilder in Wort, Schrift und Bild produzieren und von ihren Lesern deren Erfüllung im praktischen Leben verlangen.[5] Der nicht nur von den Massenmedien, sondern auch von gesellschaftlichen Institutionen propagierte Zeitgeist der „Luststeigerung" verlangt von seinen Urhebern wie Adressaten Unterwerfung und Anpassung. Der Lohn dieses Prozesses – Halm nennt diesen bildhaft „Dressur" – ist die allgemeine Anerkennung und Bewunderung durch die „Öffentlichkeit". Man ist dann „in" und in der „Szene", besitzt „Lifestyle" und ist „up to date". Um nicht als „schwächlich" und „ungenügend" oder als „out" erkannt und angeprangert zu werden, entzieht sich Helmut Halm den Ansprüchen dieser künstlichen Idealbilder durch Verweigerung und gleichzeitiger scheinbarer Anpassung. Er schwimmt mit dem „mainstream" verbal mit, bekennt sich äußerlich zu diesem gesellschaftlich modernen Bewusstsein, beteiligt sich also am Ritual, um sich somit unangreifbar zu machen. Halm arbeitet gleichsam an seinem gesellschaftlichen „Image", das er als Maske vor sich her trägt.

„Das öffentliche Gebot der Luststeigerung gab er in der Schule lauthals weiter. Galt er nicht als fortschrittlich? Das war ein Feld, wo er sein Inkognito noch gerettet hatte. Er galt als fortschrittlich. Vor sich selber berief er sich auf das Recht auf Meinungsfreiheit. Er musste ja wohl nicht den Schein, den er in der Schule produzierte, in seinem häuslichen und innersten Leben praktizieren." (S. 69).

---

5   Für Helmut Halm ist Klaus Buch der personifizierte „riesige Hammer". „Wenn sie jetzt mit Klaus und Helene Buch im selben Hotel schliefen, würde Sabine sich sicher vorstellen, was die Buchs jetzt täten, und unwillkürlich würden Klaus Buch und jenes italienische Hotelerlebnis einander berühren, in eins fließen, Klaus Buch wäre dann der von damals." (S. 67)

Die Konsequenz seines Verhaltens führt ihn in den Zustand der „blutigen Trägheit" (S. 70). Depression und Melancholie[6] bemächtigen sich seiner. Phantasielosigkeit, Lethargie und ein Anflug von Masochismus bestimmen seine subjektive Wirklichkeitskonstruktion (S. 67/68).

Die Ziele seiner Flucht sind ein Überneuschwanstein und Wälder. „Unerreichbar zu sein, das wurde sein Traum. Und er hatte Mühe, die schlanke, spitze, nach allen Seiten vollkommen steil abfallende Felsenburg nicht zu einem andauernden Bewusstseinsbild werden zu lassen. Ein Überneuschwanstein wollte sich einbrennen in seine Vorstellung. Und Wälder. Immer sah er Wälder. Sah sich durch Wälder traben. Ohne sich zu bewegen, trabte er und kam immer tiefer hinein in Wälder, die, zum Glück, kein Ende hatten. Wälder, die kein Ende haben, das ist überhaupt das Vollkommene." (S. 13). Halms Fluchtziel ist nicht die Anonymität einer Großstadt, das extremste Beispiel der modernen Zivilisation, sondern es sind die Symbole der späten Romantik: der Wald und das romantische Schloss „Neuschwanstein" des sogenannten Märchenkönigs Ludwig II., welches Fragment blieb und ihm als Refugium diente, ohne das er die Bürde des ungeliebten Königsamtes nicht ertragen hätte. Neuschwanstein und die anderen Schlossbauten (wie etwa Herrenchiemsee) waren für Ludwig II. „Paradiese, wo mich kein Erdenleid erreichen kann." An anderer Stelle bekennt er: „Oh, es ist notwendig, sich solche Paradiese zu schaffen, solche poetischen Zufluchtsorte, wo man auf einige Zeit die schauderhafte Zeit, in der wir leben, vergessen kann."[7] Die

---

6   W. Lepenies, Melancholie und Gesellschaft, Frankfurt a. M. 1972, S. 214 „Melancholie ist ein Zustand der Psyche. Er bildet sich aus oder wird als ausgebildeter vorgegeben, wenn Resignation den Charakter der End>>gültigkeit<< angenommen hat – womit bereits die Legitimationsfrage aus der Sicht dessen, an den sie gestellt wird oder der sie sich selber stellt, beantwortet ist und zwar >>endgültig<<. Melancholie erscheint als dauerhaft und nicht auflösbar; in dem hier interessierenden Zusammenhang wird besonders jene Form der Melancholie bedeutsam, die gleichsam die verfestigte Reaktionsform auf >>etwas<< ist, was dem Menschen >>zustößt<<. In Begriffen der Psychopathologie wäre hier von exogener Melancholie zu sprechen. Handlungshemmung ist Ursache oder Folge, manchmal beides zugleich in dem Sinne, dass die erzwungene Handlungshemmung sich bis in Bereiche der Macht >>von außen<< gar nicht gelangen kann." ebenda.

7   zitiert nach: L. L. Dewiel, Der Chiemgau, Köln 1993, S. 185

Seelenverwandtschaft zwischen Halm und seinem historischen Vorbild, vielleicht auch Leidensgenossen aus dem 19. Jahrhundert wird hier offensichtlich. Der nicht endende Wald als Sinnbild ewiger märchenhaft mythischer Kräfte und der Zivilisationslosigkeit, menschenleer und ohne gesellschaftliche Regeln, gleichsam rousseauscher Naturzustand, bildet die illusorische Sehnsucht, deren Nichterfüllung wengistens durch die zürnsche Ferienwohnung in Ansätzen kompensiert wird.

Das Waldmotiv besitzt aber auch einen mythologischen Verweisungszusammenhang. Der Wald ist für Narziss der Ort der Sehnsucht. Er erweckt und befreit die realen Möglichkeiten, die schlummernden Potenzen, die in den belebten und unbelebten Dingen enthalten sind, aber in der Realität der Gesellschaft unterdrückt und verdrängt werden. Der Wald gibt den Menschen und Dingen die Möglichkeit, einfach zu sein, was sie sind, was in ihnen enthalten ist als ihr Da-sein, als Existenz. Die narzisstische Welterfahrung verneint die Erfahrungsform, die die Welt des Leistungsprinzips aufrechterhält. Das Sein wird als Befriedigung erfahren, die Mensch und Natur eint, so dass die Erfüllung des Menschen gleichzeitig ohne Gewaltsamkeit die Erfüllung der Natur ist.[8]

In diesen Kontext gehört auch Halms Zustimmung zu Klaus Buchs Ausführungen über die psychische Verfassung eines fliehenden Pferdes. „Einem fliehenden Pferd kannst du dich nicht in den Weg stellen. Es muss das Gefühl haben, sein Weg bleibt frei. Und: ein fliehendes Pferd lässt nicht mit sich reden... Helmut stimmte Klaus überschwenglich zu. Das stimmt, rief er, und wie das stimmt. Sabine sagte: Woher weißt denn du das? Ach, sagte er, du hast wohl völlig vergessen, dass ich ein alter Ritter bin, was?" (S. 91).

Hinter dieser scheinbar lustig flapsigen Antwort Halms steckt mehr als nur die logische Gedankenverbindung, dass ein Ritter sich mit Pferden auskennen müsse. Helmut Halm verrät bildhaft, dass er einen psychischen Panzer trägt, dem sich niemand von vorne nähern kann, da er, der märchenhafte Ritter, dies als Angriff auslegen würde. Die mittelalterlichen Harnische

---

8   Herbert Marcuse, Triebstruktur und Gesellschaft, Frankfurt a. M., 1984, S. 158f

wurden seitlich geschnürt, um Brust und Rücken möglichst geschlossen zu schützen. Helmut Halm hat sich eingeschlossen und verschlossen, um sein Innerstes gegen jedweden Angriff zu schützen. Ein Aufschließen des Panzers wird er nicht erlauben.

Klaus Buch übernimmt ungewollt die „Rolle" des Angreifers, dessen sich Helmut Halm glaubt erwehren zu müssen. Der Rückgriff auf gemeinsame Erlebnisse und die Vergangenheitskonstruktionen treffen Helmut Halm frontal. Ihm wird bewusst, dass er sein Leben im Zustand der blutigen Trägheit vergraben hat. (S. 28) Sinnfällig für seine melancholisch-depressive Stimmung ist auch die von Halm immer wieder verwendete „Beschwörungsformel": „Stille und Tote eins drauf." (S. 125)

Als Widerpart des Eros symbolisiert Narziss den Schlaf und den Tod, das Schweigen und die Ruhe.

In diesem Zusammenhang kann Halms Traum gesehen werden. „Er träumte, er drehe sich in einem Sarg um und habe trotz der vollkommenen Dunkelheit den Eindruck, dass eine Sargwand fehle. Dieser Eindruck war so stark, dass sich eine Hand zu bewegen begann und dahin tastete, wo die Wand fehlen musste. Tatsächlich, sie war nicht da. Sofort folgte, schon rascher, eine Bewegung nach oben. Der Sargdeckel war da. Aber da, wo die Wand fehlte, musste die Hand ängstlich hinaustasten. Sie spürte eine Stufe. Er musste sich hochstemmen und kam außerhalb des Sargs auf die Stufe zu liegen. Da konnte man nicht bleiben. Er rollte, ohne es zu wollen, auf der anderen Seite der Stufe abwärts und blieb liegen. Aber jetzt war klar, dass er sich in einer Halle befand, aus der man hinauskommen konnte. Daran war er interessiert. Er wusste, dass er zurückkommen würde ans Tageslicht, zu den Leuten. Und er wusste, es gab nur eine Bedingung: wenn dich ein einziger erkennt, ist es aus, für immer. Er erwachte vor Angst und dachte: das neue Leben." (S. 73f) Helmut Halm hat sich entschieden, seine Vergangenheitsbilder nicht anzurühren. Seine Traumwelt liefert ihm das Bild des Sarges und dennoch scheint es in ihm eine Kraft zu geben, die mehr möchte, als in „blutiger Trägheit" zu verharren. Sie will das Leben. Es könnte Eros sein, der sich gegen Narziss stellt. Aber bevor Eros gewinnen kann, muss ein leidenschaftlicher, schmerzhafter und angstvoller Kampf ausgefochten werden.

Helmut Halm geht zum Gegenangriff über, um sein Unglück zu verteidigen. Er formuliert dies in einem Brief an Klaus Buch. „Ich bin nicht interessiert, etwas über mich zu erfahren, geschweige denn, etwas über mich zu sagen. Deshalb sollten wir uns nicht noch einmal sehen. Ja, ich fliehe. Weiß ich. Wer sich mir in den Weg stellt, wird... Ich will mich nicht aussprechen. Mein Herzenswunsch ist zu verheimlichen. Diesen Wunsch habe ich mit der Mehrzahl aller heute lebenden Menschen gemeinsam. Wir verkehren miteinander wie Panzerschiffe. Nach nicht ganz verständlichen Regeln. Der Sinn dieser Regeln liegt in ihrer Unvernünftigkeit. Je mehr ein anderer über mich wüsste, desto mächtiger wäre er über mich, also..." (S. 37).

Mit Helene verbindet ihn eine Seelenverwandtschaft. Beide sind Opfer. Helmut spürt dies genau. „Helmut ging zwischen Hel und Sabine. Hel und Helmut, diese Namen kamen ihm plötzlich vor wie zwei Werkstücke, die dafür gemacht sind, zusammengekuppelt zu werden." (S. 91).

Hels erotische Austrahlung lässt Helmut Halm in Unruhe geraten. Er muss seine ganze Verstellungskunst aufbieten, um nicht in seiner Neugierde erkannt zu werden. „Helmut hätte am liebsten nur noch Hel angeschaut. Er musste vorsichtig an ihr vorbeischauen, weil die anderen sonst gesehen hätten, wie wenig er sich an diesem Mädchen sattsehen konnte." (S. 47).

Halm erkennt übrigens exakt, wo in seiner Wirklichkeits- und Fluchtkonstruktion der Schwachpunkt zu suchen ist. Es sind nicht die Eheleute Buch oder er selbst, es ist seine Frau Sabine.

Er spricht mit ihr nicht über sein Innenleben und seine seelische Not. Er weicht ihr aus, weil er in Sabine die Vertreterin der Normen anonymer gesellschaftlicher Kräfte sieht, die diese auch von ihm erwarten könnte. „Als Helmut hinter den wunderbar geraden Gittern ihrer Parterrewohnung lag, wurde er wieder froh. Zum Glück hatte Sabine gleich nach ihrem Wagner-Mein-Leben gegriffen. Zum Glück hatte sie keinen Versuch gemacht, ihn zu berühren. Er hoffte, sie liege so neben ihm wie er neben ihr. Das wäre eine Lebensleistung. Von beiden vollbracht. Wenn er sicher wäre, dass Sabine genau so weit war wie er, hätte er jetzt gesagt, wie angenehm es sei, in dieser isolierten Wohnung zu liegen. Er hätte gern ausgesprochen, wie entsetzlich es wäre, jetzt unter einem Dach mit den Buchs zu liegen. Dann hätte aber Sabine gefragt, warum. Dann wäre vielleicht herausgekommen, dass Sabine noch nicht so weit war wie er." (S. 65).

3.2 Klaus Buch

Der Autor beschreibt zunächst die „persönliche Fassade"[9] dieses Mannes. Klaus Buch ist ein zierlicher junger Mann in Bluejeans und blauem Hemd, welches er offen trägt, als er und seine Frau Helene die Halms auf der Bodensee-Promenade treffen. Seine Jeanshose wird von einem ungefärbten Gürtel gehalten, in den Zeichen eingebrannt sind. Er besitzt eine muskulöse und sportliche Figur: „überall senkrecht, durchtrainiert, überflusslos." (S. 19) Der Erzähler erwähnt des weiteren seine tiefbraune Brust, auf der sich ein paar goldblonde Haare befinden und seinen dichten und hoch lodernden Blondschopf. (S. 19) Helmut Halm kann es nicht fassen, dass dieser Mann, „der flammende Blonde in Blau, mit Augenweiß und Zähneweiß und nackten Füßen und schönen unbeschädigten Zehen," (S. 20) kein ehemaliger Schüler, sondern sein Jugendfreund, Schulkamerad und ehemaliger Kommilitone Klaus Buch sein soll.

Dieser arbeitet in München als Journalist und Buchautor. Er ist geschieden, Vater zweier Kinder und lebt in zweiter Ehe mit Helene. Ein Sportwagen (silberfarbener Mercedes-230-Coupé), Tennis spielen, Segeln, Sport und Bewegung, bewusste Ernährung, Jugendsprache und eine junge Frau gehören zu seinen offensichtlichen Attributen, mit denen er sich schmückt. Klaus Buch ist das lebende Beispiel für den in den siebziger Jahren aus Amerika herüberschwappenden Körper- und Jugendkult. Die scheinbare Unkompliziertheit und Natürlichheit, mit der Klaus Buch über seine sexuellen Aktivitäten und

---

9   E. Goffman, a.a.O.,S. 25. Mit dem Begriff „persönliche Fassade" bezeichnet Goffman jene Ausdrucksmittel, die wir am stärksten mit dem Darsteller selbst identifizieren und von denen wir erwarten, dass er sie mit sich rumträgt. Dazu gehören etwa Amtszeichen, Rangmerkmale, Kleidung, Geschlecht, Alter, Rasse, Größe, physische Erscheinung, Haltung, Sprechweise, Gesichtsausdruck, Gestik und dergleichen mehr.

Ehefrauen spricht, zeigen auch sein übertriebenes und exhibitionistisches Bedürfnis, sich in Szene zu setzen, und sind gleichzeitig Ausdruck von Unsicherheit und Angst. Klaus Buch und weniger stark auch Helene übergehen bei den Halms jegliche Schamgrenze, teils aus kindlicher Provokationslust, teils aus egoistischer Borniertheit und Imponiergehabe.

Die Begegnung mit Helmut Halm mobilisiert in Klaus Buch eine ungeheure Erinnerungsenergie, aus der er für sich neue Kraft zu schöpfen erhofft, damit sein Leben nicht mehr der Leere anheim zu fallen braucht. Deshalb hängt er sich an Helmut Halm, der gleichsam für ihn eben den bildlichen Stroh-Halm darstellt, der ihn vor dem Ertrinken rettet und es ihm ermöglicht, in seiner und ihrer gemeinsamen Vergangenheit wie in einem Buch zu lesen. Aber genau diesen Erinnerungsprozess möchte Helmut Halm nicht nur vermeiden, sondern unterdrücken. Klaus Buch wird zu einem ungebetenen Eindringling, dem es gerade wegen seiner narzisstischen Selbstdarstellungstechnik nicht gelingt, Helmut Halm hinter die brüchige Fassade seiner Person schauen zu lassen. Denn dort werden die Parallelen und Beschädigungen beider Leben sichtbar, die diese Männer zu ihren scheinbar unterschiedlichen Verhaltensweisen gebracht haben.

Klaus Buchs Fluchttaktik unterscheidet sich nur vordergründig von der Helmut Halms. Als „aufrichtiger Darsteller" sind seine Fluchtziele dekadente Rituale, die eine durch Überfeinerung heile und ideal-ästhetische Welt vorspiegeln.[10] Deutlich wird

---

10 Die Décadence (Verfall) war eine breite Seitenströmung der europäischen Literatur im ausgehenden 19.Jahrhundert (fin de siècle). Enstanden ist sie aus dem Bewusstsein der Zugehörigkeit zu einer überfeinerten und damit zu unaufhaltsamem Abstieg verfallenden Kultur. Sie wollte gegenüber einer zunehmend von Entfremdungsphänomenen geprägten Wirklichkeit (Natur- und Umweltzerstörung, das Wachsen des Proletariats, die Auspowerung agrarischer Gegenden durch Landflucht, die hektische Konjunkturreiterei der Immobilienspekulanten, die gesamte Parvenü-Kultur der Gründerzeit) das ganz Andere darstellen, und die Künstler wollten das auch als Person einlösen. An dieser Stelle erschien der Dandy. Der Dandyismus, das letzte heroische Aufbäumen aller Décadencen verkörperte das Bedürfnis, die Trivialität der bürgerlichen Existenz allein durch ihr Gegenbild zu entlarven, sie durch eine aufreizende Antibürgerlichkeit zu provozieren. vgl. J. M. Fischer, Décadence. In: Propyläen Geschichte der Literatur, Bd V., Das bürgerliche Zeitalter 1830-1914, Frankfurt a. M. 1988, S. 565-569.

dies sowohl am „schwülstigen" Titel des Buches, für das Klaus und Helene gerade am Bodensee recherieren: „Lass Europa aus dir trinken" (S. 46), an ihren Essgewohnheiten, die in übertriebener und überhöhter Weise für sie bedeutsam werden, an ihrer exhibitionistischen Zurschaustellung von scheinbarer Zärtlichkeit. „Du magst mich nicht mehr, gell? Sie lachte ihn aus, beugte sich zu ihm hinüber und küßte ihn. Er hatte seinen Kopf so gedreht, dass ihr Kuss seinen Mund traf. Danach leckte er seine Lippen um die Lippen herum, damit auch gar nichts von Hels Kuss verloren gehe." (S. 46f) In Buchs Verhalten werden seine Angst und Unsicherheit, nicht zu genügen, durch Zurschaustellung übertüncht.

Sein Wunsch, in einem exotischen Winkel der Erde Zuflucht zu finden vor dem beruflichen Misserfolg, steht ebenso für dieses Bedürfnis nach überhöhter Lebensgestaltung. Die Sinnentleerung des Alltags, der Arbeit und des Arbeitsbegriffs, die Entfremdung von der eigenen Existenz lassen Klaus Buch – wie Helmut Halm – aufbrechen, die leidenschaftliche Existenz zu suchen. „Er hätte, wenn er beamteter Lehrer geworden wäre, nicht die Seelenstärke gehabt, die man brauche, um dem Trott zu entgehen. Der schicksallose Kleinbürger wäre er geworden. Ein spießig verwitterndes Harnsäurekonzentrat, sonst nichts. Ohne Provokation gebe es ihn nicht. Wenn er nicht überfordert werde, lebe er nicht. Er brauche die Grenze, sonst fühle er sich nicht." (S. 42).

Der heutige Zeitgeist spricht hier vom „ultimativen Kick". Diesen sucht Klaus Buch im Sport, im Jugend- und Männlichkeitskult, im Sex, in der Sprache, in der Konfrontation mit den Elementen wie während der Segelpartie, die zu einem Kampf auf Leben und Tod wird, oder im Einfangen des fliehenden Pferdes. In seiner Lebenswirklichkeit haben andere menschliche Lebenserfahrungen, wie Schmerz und Tod, Krankheit und Leid, Trauer und Einfühlungsvermögen, Mitleid und Rücksicht keinen Stellenwert. Gefangen in seiner kompromisslosen Eigenliebe ist er unfähig, Helmuts Existenzangst zu erspüren. Seinem Leben in der Künstlichkeit der ewigen Jugend huldigt Klaus Buch sogar während des aufkommenden Sturms auf dem Bodensee, als er den Beatles-Song „Lucy in the sky" anstimmt[11], dessen Inhalt programmatisch für seine Lebensanschauung steht.

3.3 Klaus Buchs Irrtum

Ein Aspekt des Mythos vom Altern besteht darin, dass er die Menschen verleitet, das Alter zu verachten und der Jugend zu schmeicheln. Die Jugend zu verherrlichen bedeutet umgekehrt, fortschreitendes Alter abzulehnen. Klaus Buch sieht die vor ihm liegenden Jahre als etwas Bedrohliches und Verhängnisvolles an, obwohl er großspurig das Gegenteil behauptet (S. 99). Und deshalb sehnt er sich hoffnungslos nach der ewigen Jugend. Dieses Sehnen ist so verzweifelt, dass er alles tut, um wenigstens den Anschein von Jugend zu erwecken und die schmachvollen Anzeichen des Alters zu verschleiern, so dass sie wenigstens äußerlich die unabänderliche Tatsache alternder Haut und Haare Lügen zu strafen scheinen.

Die Tatsache, dass Klaus Buch das Alter verachtet, heißt, dass er das Leben verachtet, obwohl er gleichzeitig sich als Journalist den Themen Natur und Natürlichkeit verpflichtet sieht. Sein Verhalten verrät auch eine bemitleidenswerte Unwissenheit über das Wesen des Lebens und der Natur.

Jugend ist kein Zustand, der erhalten, sondern der überwunden werden sollte. Jugend hat Kraft, aber keine Geschicklichkeit, die auf lange Sicht die wirksamere Kraft ist. Jugend zeichnet sich durch Schnelligkeit aus, aber nicht durch Effizienz, die auf lange Sicht die einzige wirksame Möglichkeit darstellt, Ziele zu erreichen. Jugend ist rasant, jedoch nicht überlegt, aber Überlegung ist der einzige Weg, richtige Entscheidungen zu treffen. Jugend hat Energie und Intelligenz, aber nicht das nötige Urteilsvermögen, um den besten Gebrauch von dieser Energie und Intelligenz zu machen. Ein abgewogenes Urteil ist schließlich der einzige Garant für intelligentes Verhalten. Jugend besitzt die Schönheit genetischer Vermächtnisse, aber nicht die Schönheit ihrer Einlösung. Jugend haftet der Glanz

---

11   In diesem Lied besingt ein Mann eine junges Mädchen aus Plastilin in einer Welt aus Zellophan. Vgl. Materialien.

des Versprechens an, aber nicht das Strahlen der Erfüllung. Jugend ist eine Zeit des Säens und Hegens, aber nicht der Reife und Ernte. Jugend ist ein Stadium von Unwissenheit und Unschuld, aber nicht von Wissen und Weisheit. Jugend ist ein Zustand der Leere, der der Erfüllung harrt, ein Zustand des Möglichen, der auf Verwirklichung wartet, ein Zustand des Beginnens, der auf Transzendenz wartet. Die Jugend ist ein Stadium, das die Menschen hinter sich bringen müssen, wenn sie größer, tiefer und vollkommener werden wollen. Klaus Buch begreift nicht, dass das Leben ein Prozess von Wachstum und Entwicklung ist. Im Grunde bleibt Klaus Buch verschlossen, was Jugend eigentlich bedeutet: ein explosives Sehnen danach, sich zu seinen vollen Möglichkeiten zu entwickeln und über sich selbst hinauszuwachsen. Durch den Verlust der Sehnsucht vergisst er diese Grundprizipien des Lebens und fängt an, eine falsche bzw. oberflächliche Vorstellung von Jugendlichkeit zu verherrlichen. Er ist der Ästhet des schönen Scheins einer fragil gewordenen Schein-Jugendlichkeit, deren Wirklichkeit er nicht erkennen kann, weil die Außenwelt als Orientierungsbereich wegfällt. Sein Ich-zentriertes Bedeutungsgefüge, das das Du zur reinen Projektion des Ich verwendet, will darüber hinwegtäuschen, dass die Beziehung zwischen seinem Ich und der Welt zerstört ist. Somit fehlt Klaus Buch das Verständnis, dass das innerste Wesen der Jugend es ist, dem Altern als lockendem Versprechen von Glück und Erfüllung in der Welt entgegenzusehen und er statt dessen ein Aufgehen im All durch Sexualität, Tod und Extase sucht, in der tiefen Überzeugung: „Ich bin die Welt!".[12]

3.4 Sabine Halm

Über Sabine Halm erfährt der Leser relativ wenig. Sie ist die Ehefrau von Helmut, Mutter zweier Kinder, Hausfrau und der ruhende Pol in der Beziehung. Ihr Rollenverständnis und -verhallten ist eher konservativ. Der Leser findet keine Spur von

---

12 vgl. Th. Hanna, Beweglich sein – ein Leben lang, Kempten 1988, S. 112f.
und Th. Lidz, Das menschliche Leben, Die Entwicklung der Persönlichkeit im Lebenszyklus, Bd.2, Frankfurt 1970, S. 439f.

bewusst emanzipatorischer Denkungsart oder Versuche, gesellschaftliche Erwartungen an ihre Person zu hinterfragen. Trotz dieser „Unauffälligkeit" erscheint Sabine Halm als die Ich-Stärkere, die das Leben aus seiner praktischen Natur heraus versteht und sicher anpackt. Sie hält die Außenkontakte zur Gesellschaft. „Plötzlich drängte Sabine aus dem Strom der Promenierenden hinaus und ging auf ein Tischchen zu, an dem noch niemand saß... Er hätte doch auch nie einen Platz in der ersten Reihe genommen." (S. 9) Zu den Mitmenschen baut sie die Kontakte auf. „Sabine gab alle Auskünfte, die durch Hels und Klaus' Reden nötig wurden. Helmut nickte." (S. 22) Über Helmuts Lebenswirklichkeit spricht sie nicht. Sie bedrängt Helmut nicht, sie zwingt ihn nicht, sie klagt nicht. Sie toleriert im tiefsten Sinne dieses Wortes. Vielleicht ist hier von Liebe zu sprechen, aber ganz sicher von emotionaler Intelligenz.[13] In einem gewissen Sinne opfert sie ihre Bedürfnisse Helmuts Stimmungen. Im Gespräch mit den Buchs schillert diese Haltung durch. „Sabine und Helmut liegen lieber faul am Wasser, dann sitzen sie herum. Es klang, als beklage sie sich bei Klaus Buch über Helmut. Helmut nickte. Er wusste, dass Sabine sich nicht wirklich beklagte. Es gefiel ihr eben, jetzt so zu tun, als beklage sie sich." (S. 22f) In einer anderen Unterhaltung zwischen den Halms und Buchs zeigt der Erzähler, wie sensibel Sabine ihrem Mann gegenüber ist. „Sabine sagte, dass Helmut ununterbrochen arbeite. Allerdings auf eine nicht jedem gleich begreifliche Weise. Er lese immerzu. Es sehe aus wie Studieren. Sie halte es aber für Leben. Das heißt, es komme nichts heraus dabei. Vielleicht sei das sogar nicht einmal beabsichtigt. Er verändere sich durch sein Lesen, das schon. Er komme von keiner gelesenen Seite als der zurück, der die Seite aufschlug... Sie auf jeden Fall komme da schon lang nicht

---

13 Nach D. Goleman, a.a.O., S. 49 u.54, besitzen die Emotionen eine Intelligenz, die in praktischen Fragen von Gewicht ist. In dem Wechselspiel von Gefühl und Rationalität lenkt das emotionale Vermögen, mit der rationalen Seele Hand in Hand arbeitend, unsere momentanen Entscheidungen. Umgekehrt spielt das denkende Gehirn eine leitende Rolle bei unseren Emotionen. Die emotionale Intelligenz zeigt sich in Fähigkeiten wie die, sich selbst zu motivieren und auch bei Enttäuschungen weiterzumachen; Impulse zu unterdrücken und Gratifikationen hinauszuschieben; die eigenen Stimmungen zu regulieren und zu verhindern, dass Trübsal die Denkfähigkeit raubt; sich in andere hineinzuversetzen und zu hoffen.

mehr mit.... Sie wollte etwas Beindruckendes über ihren Mann sagen. Vielleicht wollte sie ihm etwas mitteilen." (S. 95-97)

Sabine signalisiert zwischen den Zeilen, dass Helmut ihr fremd geworden ist. Sie kennt ihn nicht mehr. Ihr Bild von ihm droht zu verblassen. Sein Zustand der „blutigen Trägheit" hat mit ihrer Wirklichkeit wenig oder fast nichts zu tun. Hieraus erklärt sich auch die scheinbare Spannungslosigkeit in ihrer Beziehung. Die Beziehung, als das dritte Element zwischen zwei Menschen, die sich aufeinander beziehen, kann nur sehr eingeschränkt funktionieren, wenn der eine Partner in dieser Beziehung in einer Welt lebt, die für das anderen nicht mehr begreiflich ist. Das Gefühl der Distanz und Fremdheit wird sich zwangsläufig einstellen, und zwar sowohl gegenüber der Beziehung als auch gegenüber dem Partner, der sich von dem ursprünglich wirkenden Kräften des Beziehungsfelds wegbewegt hat.

Als nach dem Sturm auf dem Bodensee Helmut Sabine zum Rad fahren animiert und sich mit „Eilkraft" in die neue Bewegungserfahrung stürzt, kommen Sabine folgende Worte über die Lippen: „Endlich kenne ich dich wieder, sagte sie." (S. 131) Hoffnung und Freude liegen in dieser Aussage, da sie spürt, jetzt ihrem Mann wieder näher kommen zu können, da er Verhaltensweisen zeigt, die zutiefst ihrer Vorstellung von Leben entsprechen. Sie strahlen die bekannten Kräfte aus, welche Sabine so gut kennt und weswegen sie auch mit Helmut Halm zusammen sein möchte.

Durch die Begegnung mit dem Ehepaar Buch gerät Sabine in neue Situationen, die ihr das Gefühl geben zu leben. „Sie wurde ganz aufgeregt vor Freude über die freudige Aufregung, in die Klaus Buch durch diese Begegnung versetzt worden war. Dass der sich so freute, ihren Mann wieder getroffen zu haben, tat ihr offenbar gut. Sie schaute Klaus Buch mit einer Art Seligkeit an. So als hätte sie auf ihn seit langem gewartet und sei nun gespannt auf jedes Wort von ihm." (S. 23)

3.5 Helene Buch

Helene Buch, die zweite Frau von Klaus ist achtundzwanzig Jahre alt und eine sehr attraktive Erscheinung. Helmut ist von ihrem Körper und Aussehen fasziniert. Für Klaus ist sie eine „echte challenge". Gemeinsam mit Klaus schreibt Helene Bücher über Ernährungsfragen und ist mit ihm unterwegs, um Interviews für ein neues Buchprojekt zu machen. Helene ist eine freundliche, aufgeweckte und verständnisvolle Frau, die ebenso wie Sabine loyal zu ihrem achtzehn Jahre älteren Mann steht. Den von Klaus Buch inszenierten Jugendkult braucht sie nicht zu spielen, wenngleich in ihrer Freizügigkeit ein Hang zur narzisstischen Selbstdarstellung zu finden ist. Gepaart mit einer jugendlichen Natürlichkeit ist ihr Verhalten weniger auffällig als das ihres Mannes.

Helmut Halm erkennt sehr schnell eine gewisse Affinität zu ihr. Beide treffen sich in ihrer Opferrolle, wobei Helmut diese bewusst aus rationalen Gründen einnimmt, während Helene durch die emotionale Beziehung zu Klaus in diese eher gedrängt wurde, vielleicht sich auch drängen ließ.

Bevor es zum Kampf zwischen den beiden Männern auf dem Bodensee kommt und der Leser in Hels Lebensbeichte von ihrem verhinderten Leben hinter dem schönen Schein ihrer Jugendlichkeit erfährt, finden sich bereits Andeutungen für diese spannungsgeladene Wirklichkeit, welche sich unter der übertriebenen Lifestyle-Fassade des Ehepaares Buch verbirgt.

„Klaus Buch führte Helmut und Sabine zu den Toiletten. Plötzlich hörte man Klavierspiel. Ziemlich mächtig. Klaus Buch erstarrte, hinderte auch Helmut und Sabine an jeder weiteren Bewegung. Sein Gesicht arbeitete. Besonders der Mund. Die Zunge wälzte sich hinter den Lippen, wollte irgendwo, vor allem an der Oberlippe, durchbrechen. Sabine sagte: Die *Wanderer-Fantasie*. Klaus Buch rannte hinaus... Hel saß am Klavier und spielte. Sabine ging schließlich zu ihr hin und sagte ihr etwas. Sie hörte auf... Sie sahen Klaus Buch in einem geradezu wilden Tempo fortrennen. Quer über die Wiesen. Plötzlich stoppte er, änderte seine Richtung, rannte weiter, auf einen Baum zu, lehnte sich an den Stamm, steckte die Hände in die

Tasche und sah vor sich hin. Hel sagte: Geht nur rein, wir kommen gleich. Dann ging sie, mit fast festen Schritten und ohne den Blick von Klaus zu lassen, auf den zu.

Als Helmut und Sabine von den Toiletten kamen, waren Hel und Klaus noch nicht zurück. Aber sie kamen, bevor Halms die Suppe gegessen hatten. Beide lächelten, gingen eng aneinander, ein glückliches Paar." (S. 81-82)

In dieser Szene sind bereits alle Strukturmerkmale der Beziehung zwischen Helene und Klaus angelegt. Helene verhält sich wider Klaus' Erwarten, und dieser zeigt ihr durch sein kindlich-affektives Verhalten, dass er ihr Klavierspielen missbilligt. Seine Reaktionsweise ist parallel zur Aktion des fliehenden Pferdes zu sehen, welches ebenfalls im stürmischen Galopp einer unliebsamen Situation entfliehen möchte. Helenes Reaktion ist bemerkenswert: Sie hat Klaus fest im Blick, als sie auf ihn zugeht. Wut, Entschlossenheit, aber auch Erfahrung mit diesem Verhaltensmuster sprechen aus ihrem Verhalten. Sie hat wieder die Mutterrolle übernommen, um dem unartig-trotzigen Jungen, der Liebesverlust befürchtet, ihre emotionale Zuneigung zu zeigen. Obwohl, wie der Leser später erfährt, Helene allen Grund hätte, sich über Klaus' Reaktion zu beklagen und ihn anzugreifen, übernimmt sie den Part der Vermittelnden. Konfliktlösung lässt sich nicht erkennen, aber ein Nachgeben Helenes, das durch Klaus Buchs Wohlverhalten honoriert wird.

Vielleicht findet sich bei Helene das Phänomen des „Zuviel-Liebens". Damit ist die heimliche Sucht gemeint, gebraucht zu werden. In dieser Sucht wird Liebe gleichbedeutend mit Schmerz und Leid. Völlige Zurücknahme (Sie isst wegen Klaus keinen Kuchen mehr, hat wegen ihm ihr Studium abgebrochen, mit dem Klavierspielen aufgehört, trinkt keine alkoholischen Getränke, raucht nicht, übt sich in einer asketischen Lebensweise, von der nur Klaus überzeugt zu sein scheint) und die Identifikation mit seinen Problemen, seinen Gedanken und Gefühlen führen zur gänzlichen Hingabe und zum Verlust der eigenen Existenz. Durch diese völlige Hingabe an Klaus hofft Helene, sich aufzuwerten, indem sie diesen Mann in seinen besten Möglichkeiten entstehen lassen möchte oder sie seinen schwierigen narzisstischen Charakter erträgt, so wie es keine andere Frau zuvor vermochte. Dadurch gerät sie in die Opferrolle genau wie Helmut Halm.[14]

Nur so hält Helene mit mütterlicher Geduld Klaus Buchs regressive Verhaltensweise aus, wenn dieser immer wieder von ihr Liebesbeweise verlangt und nach einem Kuss sich die Lippenpartie mit der Zunge leckt wie ein kleines Kind nach dem Genuss einer Süßspeise. Diese zur Schau gestellte orale Lust stellt für Klaus Buch keine Befriedigung dar, sondern ist im Grunde das Eingeständnis seiner Unfähigkeit, tiefe Befriedigung, die emotionale und psychische Sicherheit und Stabilität gewährt, zu erfahren. Die Kehrseite dieser Fähigkeit, die Hingabe, ist ihm ebenso fremd.

Helene lässt sich zu einem idealisierten Objekt machen, über das Klaus Buch gleichsam seine narzisstische Bestätigung findet. Dass diese Idealisierung nicht vollständig gelingen kann, zeigt die „Klavierspielszene". Helene spielt Schuberts „Wandererfantasie".[15]

In dem Augenblick, in dem Helene die Erwartungen ihres Mannes durch das Wahrnehmen ihrer eigenen Bedürfnisse enttäuscht, stößt sie ihn zurück in den Schrecken über die narzisstische Wunde, die aufklafft, wenn das Ich-Ideal mangelhaft von der „geliebten Person" bestätigt wird. Diese Wunde erinnert ihn mit einem schmerzlichen Gefühl von Unzulänglichkeit und Kleinheit an das verlorene Paradies des Ich-Ideals, die unendliche Anerkennung seiner Vollkommenheit, welche er sich über die gespielte Infantilität gegenüber seiner Frau zurückholen möchte.

---

14   J. Willi, Was hält Paare zusammen? Der Prozess des Zusammenlebens in psycho-ökologischer Sicht. Hamburg 1991, S. 53f

15   Klaus Buch und Franz Schubert (1797-1828) könnten Wahlverwandte sein. Ebenso wie Buch lebte Schubert meist unter dürftigsten Verhältnissen als freier Künstler . „Gesichert" war sein Auskommen nur während der Sommermonate in den Jahren 1818 und 1824, in denen er beim Grafen Esterhazy auf dessen ungarischem Gut Musikunterricht erteilte. Ansonsten mussten Freunde – häufig genug unzureichend – materiell aushelfen. Als Schubert bereits berühmt war und seine Verleger an seinen Werken gut verdienten, ging es dem wirtschaftlich ungewandten Meister immer schlechter. Wie es scheint, war Schubert in seinem innersten Wesen einsam, obwohl er sich in dem großen Kreis von Freunden und Bewunderern umgänglich und meist heiter zeigte. vgl. Rowohlt Musikhandbuch, Bd. 2., Reinbek 1973, S. 606

Helene wird Klaus nie glücklich machen können, da sie bei Klaus Buch sowohl das Gefühl tiefen Elends und völliger Enttäuschung und damit die Vernichtung seiner Lebenskraft als auch das Gefühl seiner Zeitlosigkeit als Narziss provoziert. Deshalb bezeichnet Klaus Buch Helene als „challenge". Wenn er dieses von ihr provozierte Spannungsfeld nicht mehr ertragen kann, dann wird er sie verlassen. In Wahrheit wird er sie jedoch verlassen, weil er sich selbst nicht mehr ertragen kann.[16]

3.6 Der Kampf auf dem Bodensee

Im 8. Kapitel der Novelle bewegt sich die Handlung der Novelle auf ihren Höhepunkt zu. Es kommt zum Kampf zwischen Helmut Halm und Klaus Buch. Während einer gemeinsamen Segelpartie auf dem Bodensee, an der Helmut nur widerstrebend teilnimmt, realisiert sich die symbolträchtige Situation des fliehenden Pferdes. Klaus leitet in seiner extrovertierten und aufdringlichen Art Helmut an, ihm zu assistieren. „Helmut musste ihm helfen, die Segel zu setzen. Klaus hörte nicht auf, ihm im fröhlichsten Ton alle Anweisungen zwei- bis viermal zuzurufen. Das hörte sich an, als sei Helmut ein Idiot. Trotzdem musste Klaus Buch des öfteren hertanzen und Helmut auch noch die Hand führen." (S. 105f)

Hier beginnen bereits die vermeintlichen Angriffe auf Helmut, deren Steigerung Klaus Buchs Ausführungen über Männlichkeit und Sexualität in der Ehe darstellen, die schon etwas Wahnhaftes beinhalten.

Aber zunächst wird dem See vorgehalten, er sei ein „Scheißsee", ein „impotenter Sack", der „könne nur einmal am Tag, und dann auch nur, dass es kaum noch zu erspüren sei." (S. 106)

In Klaus Buchs Sprachverhalten spiegelt sich seine eindimensionale Wirklichkeitssicht und seine pubertäre Fixierung auf die Sexualität in deutlicher Weise wider. Er verfällt in den allzu bekannten Männerjargon, der angesiedelt ist zwischen Imponiergehabe eines Pubertierenden und scheinbar intimen Ge-

---

16   vgl. B. Grunberger, Vom Narzissmus zum Objekt, Frankfurt 1982, S. 250f

ständnissen. Gleichzeitig bedrängt er Helmut Halm mit seiner übertrieben oberflächlichen Selbstinszenierung eines grandiosen Ichs und lässt seinem Gesprächspartner darüber keinen emotional-gedanklichen Raum zur Reflexion. Im Grunde genommen appelliert Klaus Buch an Helmut in gleicher Weise wie er an Helene appelliert hat, sich ihm zu unterwerfen. In seiner emotionalen Unfähigkeit, lebendige Erfahrungen zu machen, bemerkt er seinen Verrat an Helene nicht. Diese Instrumentalisierung und Funktionalisierung anderer möchte er an Helmut Halm wiederholen. Deshalb sein Frontalangriff.

„Ich bin ein Anbeter meiner selbst. Hel betet mich in gewisser Weise auch an. Weil sie mich für intelligenter hält als ich bin, verstehst du. Ich mache ihr was vor. Ich halte sie kleiner als sie ist. Ich verführe sie zu Tätigkeiten, denen sie nicht gewachsen ist. Für den Fall, dass ich sie nicht mehr schaffe, verstehst du. Was ich bräuchte, ist ein Mensch wie du, Helmut. Ehrlich... Mensch, Helmut, lass uns groß spielen. Nicht klein beigeben. Groß bleiben. Größer werden. Der Größte. Wir zwei sind die Größten, ich schwör's dir. Uns will das Leben. Ich hol dich heraus aus deiner Flaute, Junge. Dich richte ich wieder her. Du wirst sehen, in einem Jahr kennst du dich nicht wieder. Du bist kurz vorm Versacken. Ich schau da nicht zu. Dich *turn* ich an, Mensch." (S. 109 u. 112)

Während Klaus Buch seine prometheischen Entwürfe lauthals verkündet[17], verharrt Helmut Halm in einer innerlich abgewandten Position. Er kann vom Boot nicht fliehen und muss diesen Angriff auf seine Existenz aushalten.

Als der Sturm losbricht, wird Helmut erneut zum Handlanger Klaus'. Er soll ihm helfen, dessen orgiastische Lebenslust zu inszenieren. Helmut Halm hat Angst und möchte, dass Klaus das sichere Ufer ansteuert. In seiner Unfähigkeit auf die Menschen in seiner Umgebung einzugehen und deren Bedürfnisse zu respektieren, stürzt sich der Egomane Klaus Buch in das Abenteuer und nimmt die vermeintliche Herausforderung der Naturgewalten an.

---

17 In ähnlicher Weise klingen die Worte des goetheschen „Prometheus": „Hier sitz ich, forme Menschen / nach meinem Bilde, / Ein Geschlecht, das mir gleich sei, / Zu leiden, zu weinen, / Zu genießen und zu freuen sich, / Und dein (gemeint ist der Göttervater Zeus; M.Z.) nicht zu achten, / Wie ich!"

Helmut Halm wird jetzt gegen seinen eigenen Willen genötigt, Postion zu beziehen und zu handeln, um zu überleben. Hier auf dem tobenden Bodensee wird er sich seiner individuellen Existenz bewusst und verteidigt diese gegen die Fremdbestimmungsansprüche Dritter. Ihm helfen weder Maskerade noch Verstellung, weder Flucht noch geschickt getarnte Verhaltensweisen oder neue Rolllenentwürfe, die er hätte einstudieren können. Hic et nunc wird er gezwungen zur eigenen leidenschaftlichen Tat, die seiner in Not geratenen Existenz das Lebensrecht zurückgibt. Deshalb stößt er dem sich in einem Rauschzustand befindlichen Klaus Buch mit dem Fuß die Pinne aus der Hand.

In dieser lebensgefährlichen Lage verwirklicht Helmut Halm die Forderung Kierkegaards: „..., dass es einem Existierenden verwehrt ist, vergessen zu wollen, dass er ein Existierender ist... Existieren, wenn dies nicht wie bloß so existieren verstanden werden soll, kann man nicht ohne Leidenschaft."[18]

3.7 Halm und Buch:
Ihre Existenz philosophisch betrachtet

Nicht grundlos liest Helmut Halm die Werke von S. Kierkegaard und F. Nietzsche. Seine Frau Sabine vetieft sich immer wieder in die Wagner-Biografie.

Helmut Halm und Klaus Buch (zwei Seiten einer Medaille) sind genauso unglücklich wie es Kierkegaard war. Nachdem Kierkegaard sich mit siebenundzwanzig Jahren mit einem fünfzehnjährigen einfachen Bürgermädchen verlobt hat, beginnt sein Problem. Denn nun überlegt er sich, ob er überhaupt das Recht habe, eine Frau an sich zu binden. Nach seinem strengen Verständnis von der Ehe gehört zu dieser eine absolute Offenheit der Partner gegeneinander. Doch dazu fühlt er sich außerstande. Es gibt Dinge, die er, wie er meint, verschweigen muss. Je mehr er darüber nachdenkt, um so fragwürdiger wird ihm die

---

18 M. Riedel (Hg.), Geschichte der Philosophie in Text und Darstellung, Bd. 7, 19. Jahrhundert, Stuttgart 1981, S. 216

Möglichkeit einer Ehe für einen Menschen, wie er es ist. Damit jetzt seine Braut die Verlobung löse, beginnt er sich selber so abscheulich und verworfen darzustellen, dass ihn Regine schließlich verstößt. Sorgsam notiert er in seinem Tagebuch jede Bewegung mit ihr, ob sie ihn angeschaut, angelächelt habe, ob sie stehen geblieben sei. Bis zu seinem Tode bildet das Verhältnis zu Regine in seinen Tagebüchern und in seinen Schriften eines der Hauptthemen selbstquälerischer Überlegungen.

Ursächlich für diese Art der Selbstquälerei ist seine Schwermut, die der grundlegende Wesenszug in seinem Charakter bildet.

„Ich bin ein Mensch, der von Kind auf in die elendeste Schwermut gefallen ist. Das ganze Dasein ängstigt mich, von der kleinsten Mücke bis zu den Geheimnissen der Inkarnation; es ist mit alles unerklärlich, am meisten ich selbst."[19] Nach außen hin überspielt er diese Melancholie, indem er den leichtsinnigen Dandy spielt. Er kleidet sich extravagant, besucht Cafés und Theater. Er schreibt über seinen scheinbar glücklichen Zeitvertreib: „Ich komme jetzt eben aus einer Gesellschaft, wo ich die Seele war, die Witze strömten aus meinem Munde, alle lachten, alle bewunderten mich – aber ich, ja, der Gedankenstrich müsste genau so lang sein wie die Radien der Erde – ging fort und wollte mich erschießen."[20]

Aus dieser Schwermut und der Reflexion der eigenen Existenz erwächst Kierkegaards Philosophie: „Denn alles wesentliche Erkennen betrifft die Existenz."[21] Daher rührt es, dass dieser Philosoph erst in einer Zeit, in der der Mensch in umfassenden Sinne sich selber rätselhaft wird, also in unserem Jahrhundert, zu seiner vollen Wirksamkeit gelangt. Hier scheint auch die kausale Verbindung zwischen Autor, Erzähler und den Figuren zu liegen. Die moderne Existenz des Individuums hat Kierkegaard in seiner Philosophie vorweggenommen und diese bewahrheit sich jetzt nach Auffassung des Erzählers, der

19 S. Kierkegaard in: W. Weischedel: Die philosophische Hintertreppe, 34 große Philosophen in Alltag und Denken, München 1984, S. 235
20 S. Kierkegaard in: ders., a.a.O., S. 231f
21 S. Kierkegaard in: ders., a.a.O., S. 232

dem Leser zeigt, wie die Gedankengänge des Philosophen in seinen Figuren praktisch werden – in ihrer menschlichen Existenz.

Der Begriff des Menschen kann nach Kierkegaard nur aus der Selbsterfahrung gewonnen werden: aus der Erfahrung der Fremdheit zur Welt und zu sich selber, der inneren Zerrissenheit, der abgründigen Angst, der Verzeiflung. Diese Kategorien menschlichen Daseins machen die Grundsituation des Menschen aus. Er lebt unausweichlich in der „Angst" und in der „Verzweiflung" als der „Krankheit zum Tode". Das gelte es in voller Ehrlichkeit auszuhalten.

In der Angst erfährt der Mensch die Möglichkeit der Freiheit zur Entscheidung. Sein Sein ist ein Seinkönnen. „Das Ungeheure, das einem Menschen eingeräumt ist, ist die Wahl, die Freiheit."[22]

Aus dieser Überlegung resultiert Kierkegaards Lehre von den Existenzmöglichkeiten.

Im ersten Stadium, dem „ästhetischen Stadium", befindet sich der Mensch dann, wenn er es dabei bewenden lässt, eine Fülle von Möglichkeiten zu haben, ohne von ihnen wahrhaft Gebrauch zu machen. Er verhält sich bloß anschauend und genießend, nicht aber tätig und darum auch nicht verantwortlich. Er erschöpft sich im unverbindlichen Experimentieren mit den Möglichkeiten, in der Jagd nach dem Interessanten und Zerstreuenden. Wer in dieser Weise bloß ästhetisch lebt, der verfällt der Daseinsleere und bleibt im wesentlichen Sinne unwirklich. Die Sucht nach unaufhörlicher Reflexion, die zweideutig das Handeln verhindert, bringt, wie es Kierkegaard sieht, den Menschen in eine tödliche Gefahr.

In diesem „ästhetischen Stadium" werden Helmut Halm und Klaus Buch ausführlich geschildert. Der Erzähler belässt sie aber nicht in dieser Daseinsleere. Er zwingt sie gemäß der kierkegaardschen Theorie in das „ethische Stadium". Möglicherweise teilt dieser die Auffassung des Philosophen, dass für den Menschen das „ästhetische Stadium" nicht die letzte Existenzmöglichkeit sein könne. Die Freiheit des Menschen

---

22 S. Kierkegaard in: ders., a.a.O., S. 234

vollzieht sich, nach Kierkegaard, als Entscheidung. Denn nur wer den Mut hat, sich zu entscheiden, gelangt zur Wirklichkeit und gewinnt Stand im Dasein. Wahl und Entscheidung werden so die wesentlichen Kategorien, unter denen Kierkegaard den Menschen betrachtet. Indem Helmut Halm in dieses zweite Stadium eintritt – er muss die tödliche Gefahr meistern –, kommt er zu sich selbst und findet die Aufgabe, die **seine** Aufgabe werden kann.

Das „Wanderer-Motiv" in der Novelle findet seinen Ursprung in Nietzsches Philosophie. „Der Wanderer. – Wer nur einigermaßen zur Freiheit der Vernunft gekommen ist, kann sich auf Erden nicht anders fühlen, denn als Wanderer, – wenn auch nicht als Reisender nach einem letzten Ziele: denn dieses gibt es nicht. Wohl aber will er zusehen und die Augen dafür offen haben, was alles in der Welt eigentlich vorgeht; deshalb darf er sein Herz nicht allzufest an alles Einzelne hängen; es muss in ihm selber etwas Wanderndes sein, das seine Freude an dem Wechsel und der Vergänglichkeit habe. Freilich werden einem solchen Menschen böse Nächte kommen, wo er müde ist und das Tor der Stadt, welches ihm Rast bieten sollte, verschlossen findet; vielleicht, dass noch dazu, wie im Orient, die Wüste bis an das Tor reicht, dass die Raubtiere bald ferner, bald näher her heulen, dass ein starker Wind sich erhebt, dass Räuber ihm seine Zugtiere wegführen. Dann sinkt für ihn wohl die schreckliche Nacht wie eine zweite Wüste, und sein Herz wird des Wanderns müde. Geht ihm dann die Morgensonne auf, glühend wie eine Gottheit des Zorns, öffnet sich die Stadt, so sieht er in den Gesichtern der hier Hausenden vielleicht noch mehr Wüste, Schmutz, Trug, Unsicherheit als vor den Toren – und der Tag ist fast schlimmer als die Nacht. So mag es wohl einmal dem Wanderer ergehen; aber dann kommen, als Entgelt, die wonnevollen Morgen anderer Gegenden und Tage, wo er schon im Grauen des Lichtes die Musenschwärme im Nebel des Gebirges nahe an sich vorübertanzen sieht, wo ihm nachher, wenn er still, in dem Gleichmaß der Vormittagsseele, unter Bäumen sich ergeht, aus deren Wipfeln und Laubverstecken heraus lauter gute und helle Dinge zugeworfen werden, die Geschenke aller jener frischen Geister, die in Berg, Wald und Einsamkeit zu Hause sind und welche, gleich ihm, in ihrer bald fröhlichen bald nachdenklichen Weise, Wanderer und Philosophen sind. Geboren aus den Geheimnissen der Frühe, sinnen sie darüber nach, wie der Tag zwischen dem zehnten und zwölften Glockenschlag ein so reines, durchleuchtetes, verklärt-heiteres Gesicht haben könne: – sie suchen die Philosophie des Vormittags."[23]

Dieser Textausschnitt liest sich nahezu wie ein philosophisch-thematisches Programm der Novelle.

Das „Wanderer-Motiv" wird in der Novelle mit dem „Motiv des Schattens" verbunden. „Als sie ein Abteil gefunden hatten, in dem sie allein waren, sagte er: Sabine, jetzt können wir bis Basel sitzen bleiben. Sabine sagte: Ich habe doch Angst vor der Hitze. Was tun wir, wenn es da drunten zu heiß ist.

Ach, sagte Helmut leichthin, Schatten zusammennähen... Sie saß in der Abendsonne. Er im Schatten." (S. 150)

So wie Zarathustra seinem Schatten nicht entfliehen kann[24], hat jetzt auch die Flucht Helmut Halms ein Ende. Er kann seinem Schatten d.h. seiner Geschichte, seinem Leben und der Gesellschaft nicht entkommen. Jetzt ist er bereit, Sabine zu erzählen. Er kehrt zum Anfang der Novelle zurück, zur der gleichen Situation, die jetzt in seiner Erzählung wiederkehrt. Nietzsches Phliosophie der ewigen Wiederkehr des Gleichen findet hier seine novellistische Gestaltung.

Der 38-jährige Friedrich Nietzsche verbringt am 13. und 14. August 1882 mit der einundzwanzigjährigen Russin Lou von Salomé die Tage in Tautenburg. In einem Brief schreibt Nietzsche: „Ich glaube, der einzige Unterschied zwischen uns ist das Alter", und: „Wir haben ähnlich gelebt und ähnlich gedacht."

23   I. Frenzel, a.a.O., S. 91-92
24   F. Nietzsche, Also sprach Zarathustra, Stuttgart 1975, S. 301-305
      „Mein Schatten ruft mich? Was liegt an meinem Schatten! Mag er mir nachlaufen! ich – laufe ihm davon... Vergib mir, antwortete der Schatten, dass ich´s bin;... Ein Wanderer bin ich, der viel schon hinter deinen Fersen her ging: immer unterwegs, aber ohne Ziel, auch ohne Heim:.." 1850 verfasst Nietzsche „Der Mensch und sein Schatten". Diese Schrift wird 1886 von ihm als zweiter Band von „Menschliches Allzumenschliches" bezeichnet.

Helmut Halm stellt nach dem Abenteuer mit dem fliehenden Pferd fest: „Hel und Helmut, diese Namen kamen ihm plötzlich vor wie zwei Werkstücke, die dafür gemacht sind, zusammengekuppelt zu werden." (S. 91)

Den 14. August verbringen Nietzsche und Lou „im stillen dunklen Tannenwald mit dem Sonnenlicht und den Eichhörnchen... wir können uns fast mit Andeutungen verständigen... unsere Unterhaltung besteht in Wirklichkeit aus dem, was nicht ganz ausgesprochen ist, sondern dadurch auftaucht, dass wir uns auf halbem Wege treffen."[25]

In der Novelle wird diese Begebenheit literarisch verarbeitet: „Helmut wollte wenigstens auf dem Rückweg noch Wälder bieten... Sie traten in einen geräumigen Wald. Helmut hätte es gern gehört, wenn jemand etwas über die hohen Stämme gesagt hätte oder über das grüne Licht oder über den Waldduft... Helmut hatte das Gefühl Helene Buch habe den Wald begriffen. Konnte sie ihn nicht noch einmal so zum Klingen brigen?" (S. 84)

Und Lou schreibt über Friedrich Nietzsche: „Einsamkeit – das war der erste, starke Eindruck, durch den Nietzsches Erscheinung fesselte. Dem flüchtigen Beschauer bot sich nichts Auffallendes;... Einen ähnlichen Eindruck (wie seine Augen; M.Z.) des Verborgenen und Verschwiegen machte auch Nietzsches Benehmen. Im gewöhnlichen Leben war er von großer Höflichkeit und einer fast weiblichen Milde, von einem stetigen, wohlwollenden Gleichmut – er hatte Freude an den vornehmen Formen im Umgang und hielt viel auf sie. Immer aber lag darin eine Freude an der Verkleidung, – Mantel und Maske für ein fast nie entblößtes Innenleben. Ich erinnere mich, dass, als ich Nietzsche zum ersten Mal sprach..., während der ersten Minuten das gesuchte Formvolle an ihm mich frappierte und täuschte. Aber nicht lange täuschte es an diesem Einsamen, der seine Maske doch nur so ungewandt trug, wie jemand, der aus Wüste und Gebirge kommte, den Rock der Allerweltleute trägt."[26]

---

25 R. Hayman, Friedrich Nietzsche, Der missbrauchte Philosoph, München 1985, S. 328
26 I. Frenzel, Nietzsche, Reinbek bei Hamburg 1977, S. 103

In seinem Werk „Jenseits von Gut und Böse" schreibt Nietzsche zum Thema >>Der Mensch unter Menschen<<: „Es gibt >>heitere Menschen<<, welche sich der Heiterkeit bedienen, weil sie um ihretwillen missverstanden werden: – sie wollen missverstanden sein. Es gibt >>wissenschaftliche Menschen<<, welche sich der Wissenschaft bedienen, weil dieselbe einen heiteren Anschein gibt, und weil Wissenschaftlichkeit darauf schließen lässt, dass der Mensch oberflächlich ist: – sie wollen zu einem falschen Schlusse verführen. Es gibt freie freche Geister, welche verbergen und verleugnen möchten, dass sie zerbrochene stolze unheilbare Herzen sind; ..."[27]

Diese „Maskerade" lässt sich sowohl bei Helmut Halm als auch bei Klaus Buch feststellen. Beide Figuren tragen weitere Gestaltungselemente aus der Vorstellungswelt Nietzsches in sich. Hierzu gehört das Begriffspaar apollonisch und dionysisch. Diese beiden Termini bilden gewissermaßen Fundamentalkategorien in Nietzsches Denkens.

„Der schöne Schein der Traumwelten, in deren Erzeugung jeder Mensch voller Künstler ist, ist die Voraussetzung aller bildenden Kunst ... Apollo, als der Gott aller bildnerischen Kräfte, ist zugleich der wahrsagende Gott. Er, der seiner Wurzel nach der >>Scheinende<<, die Lichtgottheit ist, beherrscht auch den schönen Schein der inneren Phantasie-Welt."[28]

Diese Bild des Apollo fällt auf Klaus Buch, der in seiner Ästhetik diesem Lichtgott durchaus entspricht: „zierlicher junger Mann",ein „blaues Hemd, dass offen war bis zu dem ungefärbten Gürtel, in den Zeichen eingerannt waren". Im Alten Ägyten trugen Könige Gürtel mit Darstellungen, die sie als Gottheiten auswiesen. Und weiter heißt es: „tiefbraune Brust", „auf dem Kopf einen dicht und hoch lodernden Blondschopf". Der Leser ist unwillkürlich versucht, an antike Apollodarstellungen zu denken. Das Apollonische ist die Kraft des Maßes und der Harmonie. Disziplinierte Körperkultur, streng maßvolles „gesundes" Essverhalten, die (scheinbare) Einheit von Körper, Seele und Geist finden wir bei den Buchs. Der Erzähler deutet diesen Zusammenhang in einem Satz an. Nach der ersten ge-

---

27 K. Flasch: Nietzsche Brevier, Stuttgart 1992, S. 120f
28 I. Frenzel, a.a.O., S. 48

meinsamen Segelpartie bekennt Sabine, sie „sei jetzt wie betrunken. Aber auf die angenehmste Weise... Sie habe das Gefühl, sie sei im Olymp zu einer Massage gewesen und kehre jetzt, schwerer und schwerer werdend, zur Erde zurück. Masseur Apoll lässt grüßen, sagte Helmut... Apoll sei bei ihm sicher nicht tätig geworden. Aber ein Gott könne es schon gewesen sein." (S. 55)

Das Dionysische, am besten noch mit der Analogie des Rausches zu erklären, ist der gestaltlose Urwille, wie er sich unmittelbar in der Musik ausspricht.

In der Novelle wir dieses Bild in Helmut Halm und seiner Frau gestaltet. Beide trinken gerne guten, schweren Rotwein. „Helmut und Sabine tranken den schwersten, teuersten Spätburgunder. Helmut trank fünf Viertel davon. Sabine zwei. Er spürte, wie er in einer schönen düsteren Schwere versank." (S. 31) Sie essen reichlich und gut, sie genießen und lieben Wagners Musik. Sabine liest Richard Wagners Autobiografie „Wagner-Mein Leben".

Nietzsche war über lange Zeit ein leidenschaftlicher Verehrer dieses Komponisten und sah in dessen Kompositionen gerade dieses dionysische Element verwirklicht. Helmut Halm kann wohl am besten mit dem Begriff „dionysischer Pessimist" charakterisiert werden, der ständig missverstanden wird, weil er sich ständig weiterentwickelt. In diesem Sinne ist wohl auch Sabines Charakteristik zu verstehen.

Für Nietzsche besitzt die Wirklichkeit keine ihr eigene Bedeutung. Sie existiert und hat ein Sein, aber sie hat keinen ihr von sich aus innewohnenden Sinn. Auch gibt es für ihn keinen hinter den Dingen verborgenen Weltenlenker und kein Jenseits. Folglich sind für ihn auch die traditionellen moralphilosophischen Kategorien sinnlos. Gut und Böse existieren an sich nicht. Die sogenannten bösen Handlungen sind solche aus Gründen der Selbsterhaltung. „Alle <<bösen>> Handlungen sind motiviert durch den Trieb der Erhaltung oder, noch genauer, durch die Absicht auf Lust und Vermeiden der Unlust des Individuums; als solchermaßen motiviert aber nicht böse."[29]

---

29   I. Frenzel, Nietzsche, Reinbek bei Hamburg 1966, S. 91

Diese philosophische Anschauung spiegelt sich in der „Kampf-auf-dem-Bodensee-Szene" wider. Der Erzähler lässt die Schuldfrage ungeklärt. Der Leser kann keine eindeutigen Wertungen aus der Schilderung der Begebenheit ziehen. Eine Aufklärung der Schuldfrage nach exakten rechtlichen und moralischen Maßstäben ist nicht zu leisten. Diese Kategorien sind im konkreten Leben, nach Auffassung des Erzählers, nutzlose gesellschaftliche Vorstellungen, die individuelles Leben nicht fassen können.

Wenn Helmut Halm zu seiner Frau sagt: „Ach du. Einziger Mensch. Sabine." (S. 104,149), dann meint er Nietzsches Vorstellung vom „letzten Menschen". Für Nietzsche hat der „letzte Mensch" das Glück erfunden und lebt in Harmonie. Er braucht Wärme und gibt Wärme. Kontaktfreudigkeit, eine positive Lebenseinstellung und ein Leben in Gleichmut sind seine charakteristischen Merkmale.[30]

Für Helmut Halm ist Sabine der menschliche, vielleicht auch der philosophische Rettungsanker. Er, der sich selbst überwinden wollte, gleichsam ein „Über-Mensch" zu werden, der das Alte hinter sich und untergehen lassen wollte, der auf dem Weg von der Krankheit zur Genesung ist, der Hinübergehende und aus sich Herausgehende, kurz: der Mensch der Sehnsucht,[31] findet in seiner Frau diejenige, die klug ist und alles weiß, was geschehen ist. Jetzt muss Helmut Halm seine Gedanken nicht mehr als „Last des Daseins" tragen, jetzt will er sie erstmals „herausrufen". Eine lange Weile der ewigen Wiederkehr (literarisch als Reise und Wiederbeginn der Erzählung dargestellt) beginnt mit dem Ende der Novelle.

Es gilt noch auf eine weitere thematisch-motivische Parallele aufmerksam zu machen.

In 9. Kapitel der Novelle erfährt der Leser von einer Traumvorstellung, die Helmut Halm kurz nach dem Unfall auf dem See hat.

---

30   F. Nietzsche, Also sprach Zarathustra, Stuttgart 1975, S. 13-15
31   M. Riedel, Geschichte der Philosophie in Text und Darstellung, Bd.7, 19. Jahrhundert, Stuttgart 1981, S. 401

„Als er einmal auf diesem hellen Kirman mit dem dunkelblau-
en Medaillon spazieren gegangen war, hatte er nichts gegen
die Vorstellung tun können, er führe an seiner rechten Hand einen Menschen von der Größe eines siebenjährigen Kindes und
dieser Mensch sei Friedrich Nietzsche, aber in seinem 40. Lebensjahr, aber reduziert auf die Maße eines Siebenjährigen.
Und der hatte entsetzliche Angst vor Otto gehabt. Also hatte er
sich richtig an Helmuts Hand geklammert.

Klaus Buch hatte dann genau diese Angst vor Otto gehabt, die
Helmut schon von seinem kleinen Nietzsche gekannt hatte."
(S. 125)

Diese Traumweltgestaltung steht in Anlehnung an Nietzsches
Zarathustra. Im dritten Teil von Nietzsches Werk wird der Ge-
danke der Wiederkunft entwickelt. In dem Abschnitt „Vom Gesicht und Rätsel" spricht Zarathustra zu einem Zwerg, der ein
wagnersches Requisit aus dem „Ring" sein könnte: „... – müssen wir nicht alle schon dagewesen sein? – und müssen wir
nicht ewig wiederkommen? Also redete ich, und immer leiser:
denn ich fürchtete mich vor meinen eigenen Gedanken und
Hintergedanken. Da, plötzlich hörte ich einen Hund nahe
heulen.Hörte ich jemals einen Hund so heulen? Mein Gedan-
ke lief zurück. Ja! Als ich Kind war, in fernster Kindheit: – da
hörte ich einen Hund so heulen. Und sah ihn auch, gesträubt,
den Kopf nach oben, zitternd, in stiller Mitternacht, wo auch
Hunde an Gespenster glauben: – also dass es mich erbarmte.
Eben nämlich ging der volle Mond, todschweigsam, über das
Haus, eben stand er still, eine runde Glut – still auf flachem
Dache, gleich als auf fremdem Eigentume: – darob entsetzte
sich damals der Hund: denn Hunde glauben an Diebe und
Gespenster. Und als ich wieder so heulen hörte, da erbarmte
es mich abermals." (S. 174f)

Nietzsche und Buch sind für Halm die halb bewusste und halb
unbewusste Bestätigung für Zarathustras Lehre, „dass alle Dinge ewig wiederkehren und wir selber mit, und dass wir schon
ewige Male dagewesen sind, und alle Dinge mit uns... – so dass
alle diese Jahre sich selber gleich sind, im Größten und im Kleinsten, so dass wir selber in jedem großen Jahre uns selber gleich
sind, im Größten und auch im Kleinsten."[32]

32 ders., a.a.O., S. 244-245

Zarathustra (Hemut Halm), der Genesende, erkennt: „Ach, der Mensch kehrt ewig wieder! Der kleine Mensch kehrt ewig wieder. Nackt hatte ich einst beide gesehen, den größten Menschen und den kleinsten Menschen: allzuähnlich einander, – allzumenschlich auch den Größten noch!

Allzuklein der Größte! – das war mein Überdruss am Menschen! Und ewige Wiederkunft auch des Kleinsten! – das war mein Überdruss an allem Dasein!

,Sprich nicht weiter, du Genesender! – so antworteten seine Tiere, sondern geh hinaus, wo die Welt auf dich wartet gleich einem Garten.'"[33]

Diesen Rat kann Helmut Halm nun befolgen, nachdem er den Mut und den Willen gezeigt hat, seine Existenz mit Hilfe einer Willensäußerung zu befreien. „...du hast eben gelebt in diesem Augenblick, du bist aus dir herausgegangen, Ha-Ha, eine Sekunde lang hast du den Schein nicht geschafft, an dieser Sekunde wirst du kleben, wenn sich der Riss dieser Sekunde nicht mehr schließen lässt.

Er stand auf, rannte hinauf und sagte, er möchte mit Sabine einen Waldlauf machen." (S. 129)

3.8 Halm und Buch: Aus Goethes Hand

Helmut Halm und Klaus Buch sind Wahlverwandte. Mit „Wahlverwandtschaft" bezeichnete man die Eigenschaft bestimmter chemischer Elemente, die bei der Annäherung anderer Stoffe plötzlich ihre bestehenden Verbindungen lösen und sich mit den neu hinzugetretenen Elementen gleichsam „wahlverwandtschaftlich" vereinigen.

Goethe übertrug dieses an den chemischen Elementen beobachtete Kräftespiel von Anziehung und Abstoßung auf menschliche Verhältnisse, um dabei das Problem von Freiheit und Notwendigkeit im sittlichen Bereich in seinem Roman „Die Wahlverwandtschaften", erschienen 1809, darzustellen.

---

33 F. Nietzsche, Also sprach Zarathustra, a.a.O., S. 243-244

Noch 1807 als Novelleneinlage für „Wilhelm Meisters Wander-
jahre" geplant, wuchs die aus Goethes Neigung zu Wilhelmine
Herzlieb entsprungene Dichtung schnell zu einem eigenen Roman aus. Diesen Konflikt zwischen Leidenschaft, verstanden
als ein Naturgesetz, und Sittengesetz stellt der Dichter am Mo-
dellfall einer zerbrechenden Ehe dar. Dabei ordnet er die vier
Hauptfiguren des Romans dem zugrunde gelegten chemischen Vorgang entsprechend an und nimmt ihren Reaktionen
gegenüber die beobachtende, fast distanzierte Haltung eines
Naturforschers ein. So sind die dargestellten Ereignisse auch
nicht psychologisch, sondern symbolisch zu verstehen. Eine
Reduktion des vielschichtigen Symbolgehalts der „Wahlverwandtschaften" auf die äußere Handlung lässt gerade das Konstru-
ierte, zum Teil Überspitzte dieses Romans besonders deutlich
hervortreten. Goethe war sich dieses literatur-ästhetischen
Verfahrens durchaus bewusst. Er wolle „sociale Verhältnisse
symbolisch darstellen".[34] Es geht in dem Roman um Trennun-
gen und Verbindungen, um Ökonomie, Geburt, Tod, Ritual. Es
geht um Themen, die von vornherein in symbolischen Ordnun-
gen artikuliert sind. Das Symbolische ist also keine nachträg-
lich hinzugefügte Bedeutungsschicht, die der Autor hinter dem
Handeln seiner Figuren entdeckt, sondern schlicht das Materi-
al, das der Roman zu behandeln unternimmt.[35]

Zum Inhalt des Romans:

Eduard, der verwöhnte Angehörige der Aristokratie, für den
die Arbeit eine andere Form des Müßiggangs darstellt, hat
endlich seine Jugendliebe Charlotte heiraten können, nachdem beide zu ersten konventionellen Ehen gezwungen worden waren. Beide ziehen sich auf Eduards Landgut zurück, um
in der Einsamkeit ganz füreinander zu leben und das späte
gemeinsame Glück zu genießen. Hier widmen sie sich der
Neugestaltung der Parkanlagen, der Umwandlung der „rohen"
Natur in eine geordnete Kunstlandschaft. Eduards Wunsch,

34 H. G. Gräf, Goethe über seine Dichtungen, T. 1: Die epischen Dichtungen,
    repr. Nachdr. Darmstadt 1968, Nr 672. Zitiert nach: D. E. Wellerbery, Die
    Wahlverwandtschaften. In: P. M. Lützeler u.a., Interpretationen, Goethes Er-
    zählwerk, Stuttgart 1985, S. 291
35 D. E. Wellbery, a.a.O., S. 292

seinen alten Freund Otto, einen in Not geratenen Hauptmann, zu sich auf das Schloss kommen zu lassen, wird von Charlotte in ahnungsvoller Besorgnis zunächst abgelehnt. Als jedoch Eduard, der nicht gewohnt ist, „sich etwas zu versagen", auf seinem Vorhaben besteht, stellt auch Charlotte die Notwendigkeit dar, ihre Nichte und Pflegetochter Ottilie als häusliche Gehilfin zu sich zu nehmen. So kann das Kräftespiel der Wahlverwandtschaften beginnen, das sich den verschiedenartigen Charkteren entsprechend unterschiedlich auswirkt.

Während der Hauptmann und Charlotte ihrer wachsenden Neigung entschlossen entgegenzutreten suchen, gibt sich Eduard seiner unbedingten und maßlosen Liebe zu Ottilie völlig hin. Diese gibt sich für Eduard völlig auf und passt sich durch den geheimen Zwang der Wahlverwandtschaft sogar seinen Fehlern an.

Eduard und Charlotte begehen in einer gemeinsamen Nacht in ihrer Fantasie Ehebruch. „Eduard hielt nur Ottilien in seinen Armen; Charlotten schwebte der Hauptmann näher oder ferner vor der Seele, und so verwebten, wundersam genug, sich Abwesendes und gegenwärtiges reizend und wonnevoll durcheinander."

In dieser Nacht wird Charlotte von Eduard schwanger. Das Kind weist von Anfang an erstaunliche Ähnlichkeit sowohl mit dem Hauptmann als auch mit Ottilie auf. Eduard offenbart Ottilie, die er mit dem Kind am Ufer eines Sees überrascht, den geistigen Ehebruch und seinen Willen, sich von Charlotte zu trennen. Ottiliens innere Erregung führt bei der Rückfahrt über den See die Katastrophe herbei: Der Kahn gerät ins Schwanken, und das Kind ertrinkt. Eduard sieht jetzt kein Hindernis mehr für eine Vermählung mit Ottilie. Charlotte gibt in dieser Situation Eduard frei und erkennt ihre Schuld, nämlich den Gang des Schicksals durch einen sittlichen Entschluss hemmen gewollt zu haben. Ottilie gelangt durch das unerhörte Ereignis zur Einsicht, ein Mensch zu sein, der immer Unheil um sich verbreite, und entsagt Eduard, obwohl dieser sie leidenschaftlich bestürmt. Sie verstummt, verweigert die Nahrungsaufnahme und tötet sich allmählich durch die selbstauferlegte Askese. Eduard stirbt kurze Zeit später. Beide werden in einer Kapelle beigesetzt. „So ruhen die Liebenden nebeneinander."

Die sittliche Ordnung der Ehe, die Moralität des bürgerlichen Menschen halten der rätselhaften Macht der menschlichen Leidenschaft, die in diesem Roman als Naturgewalt der Wahlverwandtschaft symbolisiert wird, nicht stand und werden durch diese Kraft zerstört. Somit tritt das Naturgesetz der Leidenschaft gleichberechtigt neben die Gebote von Moral und Sitte.

Motivische, thematische und symbolische Parallelen zwischen Goethes „Wahlverwandtschaften" und Walsers „Ein fliehendes Pferd" lassen sich unschwer erkennen.

1. In beiden Werken findet sich die Eheproblematik wieder. Zwei Paare stoßen aufeinander und werden in ihren Beziehungen zueinander vor Entscheidungen gestellt. Sie ziehen sich an und stoßen sich ab. Sie geraten durcheinander und die einzelnen Teile finden wieder zueinander gemäß dem chemischen Gesetz der Wahlverwandtschaft.

2. Charakterliche Merkmale zwischen Eduard und Klaus Buch lassen sich nur unschwer ausmachen. Beide *vetreiben* sich die Zeit durch Aktivitäten. Beide wollen hemmumgsbedingungs- und rücksichtslos ihre Gefühle ausleben.

3. Ottilie und Helene geben sich vollständig auf, um in ihrer Beziehung zu ihren Männern leben zu können.

4. Der geistige Ehebruch zwischen Charlotte und Eduard findet seine gestalterische Parallele in der Szene, in der Helmut Halm Sabine erklärt, warum es zwischen ihnen beiden nicht zur intimen Begegnung kommen dürfe, weil sie in dieser Nacht jeweils an Klaus Buch und Helene dächten.

5. Der Name des Hauptmanns „Otto" wird zum Namen des halmschen Haustiers.

6. Das Seemotiv und seine formale novellistische Ausgestaltung im Rahmen des unerhörten Ereignisses ist in beiden Werken zu erkennen.

7. Die Fage nach dem Verhältnis von Moral und Sitte sowie menschliche Leidenschaften einerseits und Moral und Recht sowie individueller Notwehr im philospophischen Sinne als leidenschaftliche Existenz andererseits sind weitere thematische Parallelen.

In Goethes Werk wird sie gestellt im Spannungsfeld von Leidenschaft und Sittengesetz. In Walsers Novelle stellt sich die Frage in der Beurteilung der halmschen Tat während des Sturms auf dem See. Der Autor gibt keine eindeutige Antwort und überlässt eine Bewertung nach Maßgabe von Recht und Gesetz oder Moral und Philosophie dem Leser.

Auch die Ehe als gesellschaftliche und indivuelle Institution unterliegt der kritschen Betrachtung unter den Kategorien Moral und Gefühl, aber auch Macht und Unterdrückung, evtl. im Hinblick auf den „Kampf der Geschlechter".

7. Auch das ursprüngliche Konzept Goethes, „Die Wahlverwandtschaften" als Novelleneinlage zu schaffen, hat in der literarischen Form von Walsers Werk eine Entsprechung.

4. Form, Aufbau und Sprache

Um die Geschichte beider Ehepaare zu erzählen, hat sich Martin Walser für die epische Form der Novelle entschieden. Dass es sich bei dieser Novelle um ein Gedankenspiel handelt, unterstreichen folgende Äußerungen Martin Walser. „...wenn man zwei solche Figuren so diskutiert und immer dabei voraussetzt, dass das zwei seien, die möglicherweise hier so oder so vertreten seien, also auch in der Wirklichkeit so herumliefen, dann, glaube ich, greift man immer vorbei, vertut man sich immer. Denn das sind keine Romanfiguren, (von) Romanfiguren könnte man allenfalls noch solche Wirklichkeitsbeziehungen fordern und erwarten. Aber hier handelt es sich um eine Novelle, um etwas eher Dramatisches, um ein Schachbrett; auf diesem Schachbrett werden zwei Existenzarten gegeneinander gehetzt in einer bewussten Konfrontation (...) Jede naturalistische Vergleichsfrage in die Wirklichkeit hinein ist ein unfreiwilliger Witz für mich, weil es sich hier nicht um etwas (dreht), was (...) in der Realität so abfragbar vonstatten gehen kann; (...) wenn Sie so wollen, (...) dann hat das so viel mit Realität zu tun, wie zwei, die in einem Fecht-Club fechten."[36]

Obgleich der Autor betont, dass die berichtete Begebenheit sich nicht als Abbildung von Wirklichkeit lesen lasse, sondern von symbolischer Natur sei, kommen Interpreten immer wieder in Versuchung, eine Abbildung gesellschaftlicher Realität zu diagnostizieren und gehen dabei über Walsers Äußerung hinweg bzw. wollen seine Auffassung mit Hilfe ihrer Auffassung wenn nicht widerlegen, so doch relativieren.[37] Diese Intention rührt daher, dass die Interpreten zuwenig die formalen Gestaltungskriterien in ihre Überlegung einbeziehen, auf die Walser ja in diesem Zitat hinweist! Auflösen lässt sich dieser scheinbare Widerspruch zwischen Realitätsbezug und ästhetischem Spiel, also gedanklich-symbolischer Wirklichkeit, wenn folgendes Kritierium berücksichtigt wird. Es gilt als Gestal-

---

36 zitiert nach: V. Bohn, Ein genau geschlagener Zirkel, Über *Ein fliehendes Pferd* in: K. Siblewbski (Hg.), Martin Walser, Frankfurt 1981, S. 151

37 V. Bohn, Ein genau geschlagener Zirkel Über *Ein fliehendes Pferd*, a.a.O., S. 155

tungsmerkmal der Novelle, dass die erzählte Neuigkeit erstaunlich ist und sie als m ö g l i c h e r s c h e i n e n muss. Dieser Schein wird dadurch produziert, dass die Geschichte eine Beziehung zu etwas Vorhandenem, Gedachtem, Gefühltem oder Geträumten hat. Die Novelle verlangt einerseits, dass stets der Eindruck des Erzählten gewahrt bleibt, und andererseits soll die Unmittelbarkeit des Geschehens mit der Unmittelbarkeit der Aussage verbunden werden. Das Ereignis ist somit nicht Selbstzweck, sondern Anlass, und zwar im doppelten Sinn: Anlass zu kunstvollem Erzählen und Anlass für das Darlegen von Wirkungen, die von dem Ereignis ausstrahlen. Nachdruck wird auf das Wie des Erzählens gelegt.[38] Durch diesen ästhetischen Kunstgriff kommt nicht nur der Leser, sondern auch der Literaturwissenschaftler schnell und leicht in Versuchung, eine ästhetische Wirklichkeit als reale zu deuten.

Das Substantiv „Novelle" leitet sich vom italienischen Nomen „novella" (Neuigkeit) ab.[39]

Ursprünglich taucht das Wort „Novelle" wohl erstmals in der altrömischen Rechtsgeschichte auf: Als Kaiser Justinian die Rechtsauffassungen und Rechtssatzungen seines Reiches aufzeichnen und vereinheitlichen ließ, wurde es immer wieder notwendig, ursprüngliche Gesetze als Ganzes zu erhalten, sie aber zu ergänzen, ihnen etwas Neues hinzuzufügen. Diese „Neue" wurde „Novelle" genannt (ein Ausdruck, der sich in der Gesetzgebung bis heute erhalten hat.) Diese Ergänzungen waren schlechthin nicht gänzlich etwas Neues, sondern lediglich ein weiterer Ausschnitt aus der gesamten Rechtswirklichkeit.

Zum literarischen Schöpfer der italienischen „novella" und damit überhaupt der abendländischen Novelle als einer bewusst gepflegten dichterischen Gattung wurde Giovanni Di Boccaccio mit seinem hundert Novellen umfassenden „Decamerone" (geschrieben zwischen 1348 und 1353). Bei ihm erscheint die Novelle als eine möglichst geradlinige, gut

---

38 O. Schumann, Grundlagen und Technik der Schreibkunst, Herrsching 1983, S. 65f
39 Zur Gattungstypologie vgl.:H. Aust, Novelle, Stuttgart 1990 2. Aufl. 1995 (= SM 256)

pointierte epische Unterhaltungsform mit einer bestimmten Begebenheit im Erzählmittelpunkt.

Der spanische Erzähler Cervantes (1547-1616) schuf mit seinen „Novelas ejemplares" eine neu Art der Novelle. Ihm ging es nicht so sehr um eine unterhaltende Handlung als vielmehr um die kontrastierende Darstellung von Charakteren, die sich in entscheidenden Augenblicken bewähren. Damit verlagert sich der Schwerpunkt von der Handlungs- zur Charakternovelle. Der Einfluss Cervantes' auf die deutsche Literatur ist kaum weniger groß als der Boccaccios.

Die Novellen der deutschen Romatik[40] und auch Goethes „Novelle" zeigen sich von ihr beeinflusst, und Kleists Leistung kann als eine Weiterentwicklung der Charkternovelle angesehen werden.

Mit ihm beginnt auch die Sonderentwicklung der deutschen Novelle. Kleist macht in seinen Novellen die Spannung zwischen literarischem „Ich" und dem Schicksal zum thematischen Mittelpunkt. Er schafft damit die deutsche Symbolnovelle, die selbst das Tragische in sich aufnimmt und so mit der romanischen Gesellschaftsnovelle nur wenig mehr zu tun hat.

---

40 Einen wesentlichen Beitrag zur Theorie der Novelle gab Friedrich Schlegel mit seinem Aufsatz *Nachricht von den poetischen Werken des Johann Boccaccio* (1801), worin er eine Brücke zu schlagen versuchte zwischen dem Stammvater der Novelle Boccaccio und der romantischen Novellenpraxis. Die Novelle wird als typisch romantische Gattung reklamiert, die andere Formen durchaus in sich vereinen kann. Wichtig für Schlegel ist, dass die Novelle „in jedem Punkt ihres Seins und Werdens neu und überraschend sein muss" und formal sorgfältig durchkomponiert ist: "Zu den Novellen gehört ganz eigentlich die Kunst gut zu erzählen". Ludwig Tieck, einer der produktivsten Novellenautoren in der Kunstperiode, fügte eine neue Kategorie ein: den Wendepunkt. Er forderte, dass jede Novelle einen „sonderbaren auffallenden Wendepunkt" haben müsse, „der sie von allen anderen Gattungen der Erzählung unterscheidet", einen Punkt, „von welchem aus sie sich unerwartet völlig umkehrt, und doch natürlich, dem Charakter und den Umständen angemessen, die Folge entwickelt". Vgl. W. Beutin u.a., Deutsche Literaturgschichte, Stuttgart 1979, S. 145

Ihrem Wesen nach ist die Novelle – trotz ihrer epischen Form – mehr mit dem Drama als dem Roman verwandt[41]; denn nicht die Erzählung, sondern die Handlung steht im Mittelpunkt der Darstellung: Die gleich bleibende Linie der Entwicklung eines Menschen wird durch ein schicksalhaftes Ereignis jäh unterbrochen (Wendepunkt). Diese Krisis kann seine Entwicklung fördern oder hemmen, durch sie kann ihm eine bisher unbekannte Seite seines Wesens aufgezeigt werden. Er wird jedoch in jedem Falle zur plötzlichen Stellungnahme gezwungen, und die Art, wie er sich entscheidet, gibt dem Lesenden Aufschluss über seinen Charakter, und es bleibt diesem überlassen, den Charakter zu deuten und zu werten.[42]

Nach I. Braak sind für Wesen und Form der Novelle sechs Kriterien charakteristisch:

1. Die Zusammenziehung eines Vorgangs zu einem *krisenhaften* Vorfall.

2. Das *Geflecht* von Vorfall und Mensch; die Verknüpfung von Schicksal und Charakter und die Frage ihrer Verflechtung.

3. *Kirstallisation, Wendepunkt.* Während der Roman mehrere Handlungsstränge und Geschehnisse verknüpft, wird in der Novelle „alles in einem einzigen Vorfall zusammengefasst, von dem aus das Leben (des Helden) dann nach rückwärts und nach vorwärts bestrahlt wird; und dieser Vorfall ist seltener und eigentümlicher Art, so dass er sich der Fantasie einprägt." (Paul Ernst)

---

41 W. Beutin u.a., a.a.O. S. 145: „Die immer wieder betonte Verwandtschaft zum Drama verweist auf einen weiteren wichtigen Zusammenhang. Als epische Kunstform mit dramatischer Struktur steht die Novelle zwischen dem Drama, das durch die Notwendigkeit der Aufführung bestimmt war, und dem Roman, der vom Leser in privater Lektüre rezipiert wurde. Den unterschiedlichen Reaktionsweisen des Lesers auf das Drama bzw. auf den Roman, die sich am besten in den Kategorien >>öffentlich<< und >>privat<< erfassen lassen, entsprechen die unterschiedlichen Wirkungsabsichten des Dramen- bzw. Romanschreibers. In der Novelle vermischen sich die Wirkungsabsichten des Autors und die Reaktionsweise des Lesers in aufschlussreicher Form: Die Novelle als pseudo-dramatische Form, die ja individuell gelesen bzw. >>erfahren<< wurde, ermöglichte dem Leser die Inszenierung des dargestellten Geschehens in der privaten Lektüre und stellte insofern eine entscheidende Etappe auf dem Weg der Reprivatisierung des Lesens am Ende des 18. Jahrhunderts dar."

42 W. Ehlen, Formen der Dichtung, Köln 1973, S. 14

Zu diesem Wendepunkt wird meist durch das *Dingsymbol*, ein äußeres, gegenständliches Zeichen des Dreh- und Angelpunkts, hingeführt.

4. In der Form (Vers oder Prosa) *Konzentration* des Erzählten, äußerste Verdichtung und abgekürzte Darstellung. Der strukturelle Aufbau ist mit dem des Dramas verwandt: knappe Exposition, zusammenraffendes Hinführen zum Höhe- und Wendepunkt. Abfall und Ausklang.

5. Szenischer *Ausschnitt* statt eines breiten *Gemäldes*; Schauplätze werden oft wie Bühnenbilder gestaltet; keine ausführliche Milieuschilderung.

6. Die *Länge* der Novelle ist nicht entscheidend.[43]

In Walsers Novelle finden sich die Merkmale novellistischer Erzählweise wieder:

1. Die Begegnung zwischen Halm und Buch bildet das Ereignis, welches in beiden Männern eine Krisensituation heraufbeschwört, der sich beide auf ihre Art stellen. Buch ist der Herausforderer Halms. Er sieht in dem zufälligen Treffen die Chance, sich seines Lebens wieder bewusst zu werden, was dann Helene in seiner Abwesenheit – Buch wird noch vermisst – offen eingesteht.

Für Halm beginnt mit dem Wiedersehen ebenfalls ein Kampf um seine Vergangenheit (Erinnerung), aber es eröffnet sich auch eine Chance für seine Zukunft. Diese muss allerdings durch einen Leidensweg „verdient" werden.

2. Der Leser findet in der Erzählweise genau das Geflecht von „Vorfall und Mensch", die „Verknüpfung von Schicksal und Charakter" und die „Frage nach ihrer Verflechtung" vor.

Er erfährt im Lauf der Entwicklung zunächst die Hintergründe von Halms Weigerung, sich mit Klaus Buch beschäftigen zu wollen: seine Fluchtmotive, seine Opfermentalität, seine Unfä-

---

43 I. Braak, Poetik in Stichworten, 5. Aufl. 1974, S. 212. Im Gegensatz zu Braak macht B.v. Wiese gerade die Länge der Novelle zu ihrem charakteristischen Merkmal. Er schließt sich hierbei B.v. Arx an, der von der Novelle als einer mittellangen oder auch kürzeren Erzählung, die sich in der Regel der Prosaform bedient, spricht. Vgl.: B.v. Wiese, Die deutsche Novelle,Von Goethe bis Kafka, Bd.2, Düsseldorf 1962, S. 12f

higkeit zu einem selbstbestimmten Leben ohne die an den Tag gelegte massive Scheinproduktion, die mit dem Selbstverlust einhergeht.

Gleichzeitig wird die pubertäre Scheinproduktion Klaus Buchs, dessen unglücklicher Wunsch nach ewiger Jugend, sein Weltbild und dessen praktische Folgen im Privaten wie im Beruflichen beleuchtet. Diese Zusammenhänge finden ihre Klärung im Monolog Helenes in Halms Ferienwohnung. Hier werden die Stränge zusammengeführt, die die Verflechtung von individueller Existenz und gesellschaftlichen Strukturen verstehen helfen.

3. Den Wendepunkt der Novelle findet der Leser im Kampf der beiden Männer auf dem Bodensee. Hier entscheidet sich Halm für die kierkegaardsche Kategorie der „leidenschaftlichen Existenz". Er ergreift die Initiative, indem er sich aktiv gegen die Angriffe seines „Jugendfreundes" Buch verteidigt und sich nach eigenem Maßstab aus dieser lebengefährlichen Situation, in die er unverschuldet geraten ist, rettet. Dieser Wendepunkt eröffnet ihm weitere Handlungsfelder, welche ihn in das aktive Leben zurückbringen (Sport, Bereitschaft mit seiner Frau über sein Leben zu sprechen, Ortswechsel).
Die Novelle schließt scheinbar mit der Wiederkehr des bekannten Beginns und ist dennoch ein Blick nach vorne.

4. Der Beginn des entscheidenden Ereignisses, das zufällige Zusammentreffen der beiden Männer wird so bald wie möglich im ersten Kapitel der Novelle erzählt, und in den Protagonisten werden grundlegende und entscheidene Wirkungen hervorgerufen – Fluchtbedürfnis, Abwehr, Ohnmacht, Widerstand, Ausweichverhalten und Ablenkungsmanöver bei Helmut Halm und Hoffnung auf Errettung, Euphorie, Bedrängen, Besitzwunsch und Schauspielerei bei Klaus Buch. Mit dem Höhepunkt und Wendepunkt wird die Gefühlswelt der beteiligten Personen in massive Bewegung gesetzt und weckt unversehens Wünsche, verborgene Triebe und veranlasst sie zu einem Tun, an das sie zuvor kaum gedacht haben. Dieses Außenereignis ruft eine charakterliche Wandlung hervor, die mit der ursprünglichen Art ihres Verhaltens nichts mehr zu tun zu haben scheint. Hierher gehören der Aufbruch der Halms nach Südfrankreich sowie die Bereitschaft Helenes zu ihrer bedingungslos offenen Rede

über ihre und die buchsche Wirklichkeit. Was zuvor keiner zu ahnen wagte, wird jetzt Wirklichkeit.

Das **Motiv** und **Dingsymbol** in der Novelle:

Nach H.E. Struck werden in der Pferdefang-Szene (Kap.6) die Männlichkeit und Naturnähe Klaus' und Helmuts Unterlegenheit symbolisch dargestellt. Gleichzeitig wird aber auch das Fluchtmotiv inszeniert, wobei Helmut eher als ein „fliehendes Pferd", Klaus eher als ein „fliehender Reiter" verstanden werden sollte.

Das Symbol des Pferdes hat in der Kunst und im christlichen Mythos eine lange Tradition: Seit ältester Zeit ist es Herrschaftszeichen. Das Pferd erhebt den Ritter über das gemeine Volk. Das Pferd ist auch als Sinnbild der unschuldig leidenden Kreatur oder als aufbäumendes Pferd auch als Freiheitssymbol zu finden. Im christlichen Mythos und in der Kunst gilt das Pferd ebenso als Sinnbild der Wollust, der animalischen Kräfte und des Lebens schlechthin.[44] Dieser exogenen Interpetation kann eine endogene hinzugefügt werden.

Bedenkenswerte Hinweise auf die Genese der Metapher des „fliehenden Pferdes" als motivisches Element und Dingsymbol finden sich bei Kierkegaard und Nietzsche:

„Existieren, wenn dies nicht wie bloß so existieren verstanden werden soll, kann man nicht ohne Leidenschaft... Ich habe öfter darüber nachgedacht, wie man einen Menschen in Leidenschaft bringen könnte. Dann habe ich gedacht: wenn ich ihn auf ein Ross setzen könnte und dies dann scheu gemacht und in den wildesten Galopp gebracht würde."[45]

Nietzsche schreibt in „Jenseits von Gut und Böse" über den Zusammenhang zwischen Lustprinzip und Gefahr: „Das Maß ist uns fremd, gestehen wir es uns; unser Kitzel ist gerade der Kitzel des Unendlichen, Ungemessenen. Gleich dem Reiter auf vorwärts schnaubendem Rosse lassen wir vor dem Unendlichen die Zügel fallen, wir modernen Menschen, wir Halbbarbaren

---

44 H. E. Struck, Martin Walser, Ein fliehendes Pferd, Oldenbourg Interpretationen mit Unterrichtshilfen, München 1988, S. 26f

45 M. Riedel (Hg.), a.a.O., S. 219-220

– und sind erst dort in unsrer Glückseligkeit, wo wir auch am meisten in Gefahr sind."[46]

Aus diesen beiden philosophischen Vorstellungen über „leidenschaftliche Existenz" bei Kiergegaard und Nietzsches Postulat, dass der moderne Mensch „Glückseligkeit" erst im Augenblick der Gefahr verspüre, erhält das „fliehende Pferd" als Motiv und Dingsymbol eine inhärente Funktionalität. In ihm symbolisiert sich die existenzphilosophische Gedankenwelt des Erzählers sowie seiner Figuren und ihrer ästhetischen Wirklichkeit.

5. Szenische Ausschnitte finden sich in den bestimmenden dramatischen Kategorien: Ort, Zeit, Handlung, Konflikt, Lösung.

Die Örtlichkeit ist klar eingegrenzt und bezieht sich auf etwas Vorhandenes: die Bodenseelandschaft mit ihren Städten, Dörfern und Lokalitäten. Die Handlung ist begrenzt auf viereinhalb Tage, die wiederum einen Ausschnitt der sommerlichen Ferienzeit bilden. Auch hier das kunstvolle Verkürzen, das die Fülle in der sprachlichen Andeutung findet und die Leserfantasie zum Mitwirken und Ergänzen reizt.

Hierzu gehört auch der ständige Wechsel zwischen Spannung und Entspannung, der den Konflikt zielsicher vorbereitet und unterstützt durch das Prinzip der Steigerung sowie das dramatische Urelement „Kampf", anschaulich gestaltet im „Kampf auf dem Bodensee". Die Lösung des Konflikts ist in engster Bindung an die Charaktere gestaltet. Diese führen im Grunde die Entscheidung herbei und nicht gesellschaftliche Mächte. Es geschieht nichts, was dem Wesen der handelnden Personen widerspricht. Die Lösung besitzt infolgedessen hohe Glaubwürdigkeit.

6. Die Länge der Novelle bestimmt ihren Spielraum. Sie hat dadurch bereits nicht mehr die Möglichkeit des epischen Erzählens im weiteren Sinne, sich etwa Zeit zu lassen, den Stoff auf breite Weise oder auf Umwegen zu entfalten. Die nahezu unbegrenzte Weltfülle des Romans besitzt die Novelle nicht. Ebenso bleibt das Figurenpanorama stets ein eng begrenztes

---

46   zitiert nach: K. Flasch (Hg.), Nietzsche Brevier, Stuttgart 1992, S. 301

im Vergleich zum Roman. Denn sie muss doch alles knapper, rascher, oft aber auch genauer sagen.[47]

Die sprachliche Gestaltung der Novelle ist virtuos. In ihrem Sprachhandeln und Sprachverhalten erscheinen die literarischen Figuren als höchst glaubhaft. Im ihrem Sprachgestus erfährt der Leser die Personen und ihre Identität. In ihrer Sprache erkennt er ihr Rollenverständnis und die subjektiv wahrgenommenen Rollenerwartungen. In ihrer Sprache erkennt er seine eigene sprachliche Wirklichkeit.

Der Autor lässt die Personen auf verschiedenen Sprachebenen agieren, die in unterschiedlichen Situationen Anwendung finden. In der künstlerischen Gestaltung dieser offenbaren sich Sensibilität, Beobachtungsgabe, Einfühlungsvermögen und Sprachgewalt des Autors. Der Leser beobachtet die sprachliche Interaktion in der familialen Intimität zwischen Helmut und Sabine. Hier werden die Rollenerwartungen und Selbstdarstellungen verbalisiert, ohne einer öffentlichen Kontrolle zu unterliegen. Hier erfährt der Leser, wie beide ihre Umwelt und sich selbst sprachlich interpretieren. Welche Störungen in der Beziehung zwischen beiden vorhanden sind, wird dem Leser vor allem durch Helmut Halms inneren Monolog erläutert.

Mit dieser literarischen Darstellungstechnik führt der Autor eine weitere Sprachebene vor, welche nahezu losgelöst von gesellschaftlicher und partnerschaftlicher Kontrolle Wirklichkeit schafft. Diese Sprache der Introspektion besitzt den Gestus der individuellen Wahrheit und Amoralität, der Bilder und Sehnsüchte, der Verantwortungslosigkeit und Anarchie. Diese Sprache behauptet ihre Freiheit dadurch, dass sie nur im individuellen Bewusstsein erfahrbar wird. Auferlegte gesellschaftliche Schamgrenzen werden durchbrochen. Zwischen poetischer, elegischer und unästhetischer Wortwahl oszilliert die sprachliche Gedankenwelt Helmut Halms. Der innere Monolog ist auch das sprachliche Medium der Reflexion, der Erzählung, der Beobachtung und der Bedürfnisäußerung.

Klaus Buchs Sprachverhalten besitzt im Gegensatz dazu nichts Individuelles, sondern steht fast ausschließlich in öffent-

---

47   B.v. Wiese, a.a.O., S. 12

licher Funktion. Die Sprache der Pubertät und Männerwelt dominiert sein Sprachverhalten und seine Sprachhandlungen. Seine Sprache hat vor allem die Funktion des öffentlichen Bekenntnisses. Kraftausdrücke, Übertreibungen, Jugendsprache, Anglizismen, Statements, Vokabeln aus der Vulgärsprache zeugen äußerlich von einem übertriebenen Männer- und Jugendkult, dem sich Klaus Buch unterwirft. Seine Sprache ist aggressiv und rücksichtslos, zuweilen derb und obszön. Mit dieser Sprache drängt Klaus Buch seine Umwelt ins Abseits und in eine Akklamationsfunktion. Seine Frau Helene, seine Ex-Frau, auch Helmut und Sabine Halm erhalten keinen Raum, um sprachlich nach ihren Bedürfnissen zu agieren. Klaus Buchs individuelle Maßstäbe werden mit Hilfe seiner Sprache verabsolutiert und machen andere Menschen ihn seiner Umgebung sprachlos und zu einem Anhängsel seiner von ihm sprachlich geschaffenen Aura. Seine Sprache ist die des Selbstverlustes, die es ihm sogar – und darin liegt seine Tragik – unmöglich macht, seine Sehnsucht nach „Errettung" auszudrücken. Je mehr er Hilfe und Rettung bei Helmut Halm sucht, diesen sprachlich bombardiert, sich in seinen grandiosen Metaphern und Übertreibungen seiner Scheinwelt und seiner narzisstischen Rolle präsentiert, umso mehr stößt er seinen „Jugendfreund" von sich ab, bedrängt diesen, macht ihn sprachlos und zu einem neuen Opfer seiner Selbstinszenierung, dessen Aufgabe nur darin bestehen kann, sich selbst aufgeben und Klaus Buch für seine „Glanzleistung" zu bewundern.

Nur durch Helene erfahren die Halms und der Leser, welche Hoffnungen Klaus Buch in die Begegnung mit Helmut Halm gelegt hat. Es scheint also eine intime sprachliche Ebene zwischen den Eheleuten Buch zu geben, die die individuelle Befindlichkeit nicht ganz ausklammert, von der der Leser allerdings nur in Andeutungen Kenntnis erhält, etwa als Helene Klaus nach dessen Flucht vor ihrem Klavierspiel zurückholt.

Es scheint erlaubt zu sein, Klaus Buchs sprachliche Kommunikationfähigkeit als eingeschränkt zu bezeichnen, deren Ursachen sicherlich in seiner überaus großen Ichbezogenheit und in seinem starren Eigenbild (grenzenlose Verliebtheit in sich selbst) zu suchen sind.

Die Sprache der Frauen ist anders. Sie besitzen die Sprache der emotionalen Intelligenz (Sabine) bzw. gewinnen diese wieder (wie Helene). Ihr Sprachgestus ist einfühlsam, verständnisvoll, mütterlich, emotional, freundlich, behutsam, anspielend, tröstend, warm, ironisch. Diese Ebene setzt einen Kontrapunkt zur Sprache der Männerwelt. Diese weibliche Sprachwelt scheint sich dann entfalten zu können, wenn die Aggressivität der Männersprache ausbleibt oder narzisstische Selbstspiegelungen brüchig werden. So gewinnt Helene erst nach dem Unfall von Klaus wieder Gewalt über ihre Sprache und findet damit zu ihrem Selbstbewusstsein zurück. Sie tritt aus dem „Sprachschatten" ihres Mannes heraus und kann endlich ihre eigenen Verletzungen und ihren Verzicht artikulieren. Zu einem praktischen Fluchtversuch kommt es bei ihr allerdings nicht. Dieser bleibt nur rhetorisch.

Sabines sensibles Gespür für die psychische Verfassung ihres Mannes zeigt sich immer wieder ihn ihrer sprachlich einfühlsamen Beschreibung seiner Welt. Allerdings kann sie auch „kernig" und somit emotional ehrlich sein und ihrem Unmut, der entsteht, wenn ihre Bedürfnisse von Helmut missachtet werden, lauthals kundtun. Sie ist auch diejenige, die die interaktiven Strukturen zu ihrem Mann nicht abbrechen lässt und bei der Helmut immer ein offenes Ohr für seine Befindlichkeiten und Gedanken findet.

Die Sprache der Ironie ist ein weiteres konstitutives Gestaltungsmerkmal dieser Novelle. Über die Funktion dieser rhetorischen Figur innerhalb der Novelle schreibt Benno von Wiese:

„Ironie, Zufall und Zeichen gehen ... die seltsamsten Verbindungen ein. Das eine wird oft stellvertretend für das andere stehen. Eben darin zeigt sich etwas von der unerschöpflichen Spielfreude des novellistischen Erzählens, als ob die 'Wahrheit' des Erzählten – und jeder Novellist muss sie zum mindesten vortäuschen – durch solchen Tausch erst gewährleistet sei. So ironisch der Zufall ‚spielt', der Novellist vermag ihn in das bedeutungsvolle Zeichen einer Begebenheit zu verwandeln. Ebenso freilich kann wiederum das Zeichen den Zufall annullieren, so dass erst dadurch die Begebenheit als ‚wahr' erscheint. Oder aber der isolierte Fall des Erzählten gewinnt gerade im Zufälligen eine zeichenhafte Funktion für die Ironie des Erzählers, so dass er der Begebenheit erst in der künstlerischen Formengebung den verborgenen, eigentlichen Sinn verleiht."[48]

Das Wesen dieser Redeform besteht darin, dass das Gegenteil des Gemeinten ausgesprochen wird. Die Ironie ist eine rhetorische Lieblingsfigur aller Kampf- und Schimpfschriften, und somit wohl für die Darstellung des Verhältnisses zwischen Halm und Buch ideal geeignet. Mit ihr kann Halm seinen Gegner angreifen, indem die Ironie ihn und seine Welt scheinbar lobt oder wenigstens gelten lässt. Aber der Leser merkt sehr schnell, dass diese Welt in Wahrheit verachtet oder verlacht wird.

Aber die Ironie ist auch eine Grundhaltung des Autors. Mit dieser rhetorischen Figur macht er die behandelten Gegenstände dem Leser lieb und verdächtig gleichzeitig. Er sät Zwiespalt mit der Sprache der Ironie in eine homogen erscheinende Welt und nimmt selbst eine distanzierte Haltung ein, die jedoch wiederum in sich gebrochen ist. Aus der Distanz gehört die heimliche Solidarität des Erzählers trotz aller vorgespielter Objektivität Helmut Halm. „Er (Klaus Buch, M.Z.) drückte auf's Gas, musste gleich wieder bremsen, man war schon da... Klaus Buch hörte nicht auf, ihm (Helmut Halm, M.Z.) im fröhlichsten Ton alle Anweisungen zwei- bis viermal zuzurufen. Das hörte sich an, als sei Helmut ein Idiot. Trotzdem musste Klaus Buch des öfteren hertanzen und Helmut auch noch die Hand führen." (S. 105/106)

Gleichzeitig erfährt der Leser durchaus „peinliche" Details von Halms Leben „Pubertät mit Dornenkrone" aus dem Munde von Klaus Buch, der ebenfalls mit der Waffe der Ironie Helmut Halm zusetzt. So nennt dieser Helmut Halm „Mein alter Ha-Ha, die große Problemschraube". Die Initialen seines Namens dienen lautmalerisch dazu, Halm lächerlich zu machen. Das verletzt. Der Erzähler zeigt diese Absicht von Klaus Buch, indem er dessen Äußerung lautschriftlich wiedergibt. Die Metapher „große Problemschraube" weist darauf hin, dass Helmut von Klaus in Wahrheit nicht ernst genommen wird. Helmut verachtet im

48   Wiese, B. v., a.a.O., S. 24-25

Grunde genommen die halmsche Neigung zur Schwermut. Kein einziges Mal richtet Klaus ernsthaft die Frage an Helmut Halm, weshalb dieser Nietzsches „Zarathustra" liest. Denn für ihn steht fest, Helmut ist ein Snob. Dass die eigenen Gewissheiten nicht die Wirklichkeiten anderer sein müssen, auf diese Idee kommt Klaus Buch nicht.

Mit diesem Mittel der Ironie schafft der Erzähler unzählige Zwischenwelten, die es dem Leser nicht einfach machen, sich für Recht oder Unrecht zu entscheiden. Wo befinden sich Wahrheit und Lüge oder Betrug und Selbstbetrug? – Vielleicht in den Zwischenwelten.

5. Die Orte der Handlung

Die Begebenheit zwischen den beiden Ehepaaren spielt am Bodensee und dessen oberschwäbischen Hinterland in einem genau abgezirkelten Raum, der, geprägt von einer lieblichen Idylle, jedes Jahr Millionen von Menschen anzieht, sie zusammenführt – gewollt oder ungewollt – und somit auch Schicksal spielt. So weit die Menschen auch voneinander entfernt zu sein *scheinen*, der Raum und die Elemente schaffen ungewollte Nähe, die bei genauerer Betrachtung die Menschen aneinander bindet.

Die Halms wohnen im Überlinger Stadtteil Nußdorf. In unmittelbarer Nachbarschaft, in Maurach, haben die Buchs Quartier bezogen.

Voller Überraschung über diese Tatsache der Distanzlosigkeit sprechen die Buchs dies auch aus.

Der See wird gemeinsam in einem kleinen Segelboot befahren. In der Enge des Bootskörpers, der sich auf der weiten Fläche des „Schwäbsichen Meeres" bewegt, werden neue Sichtweisen der Natur erfahren und fast unentrinnbare zwischenmenschliche Konstellationen kreiiert, die sich bei Helmut Halm zur lebensbedrohlichen Existenzerfahrung entwickeln. Für Klaus Buch bildet der stürmische See eine Herausforderung, die ihm als Prothese dient, um für eine kurze Zeit seine prekäre menschliche und sozioökonomische Lage zu vergessen. Diese Urelemente scheinen sich mit den mythischen Figuren des Narziss und des Thanatos verbunden zu haben, um ihr ewiges Spiel mit dem Menschengeschlecht zu treiben.

Selbst das Element der Erde ist nicht gefeit vor diesem Kampf der beiden Männer (Spaziergang zum Höchsten). Nur sind sie nicht die mythischen Giganten einer mythischen Vergangenheit, nach denen sich etwa Helmut Halm sehnt (Überneuschwanstein, Ritter), sondern alltägliche Menschen, die im gesellschaftlichen Alltag psychisch deformiert werden, deren Sehnsucht die Flucht ist mit dem Zielpunkt, sich selbst sowohl zu verlieren als auch zu finden und zu bewahren. Ihre scheinbare

Mannesstärke entpuppt sich als Schwäche. Kraft ruht in der Weiblichkeit ihrer Frauen, die sie instrumentalisieren und die sich auch benutzen lassen, aber am Ende durch ihre Bodenhaftung ihren Männern die Chance geben, sich abzuwenden von der Verlogenheit des Scheins und unmenschlicher Maskerade, die schlussendlich nur Opfer kennt.

In der Novelle sind Landschaft, Umwelt, Stimmung, Mensch und Schicksal völlig aufeinander bezogen. Landschafts- und Stimmungsschilderungen verweisen auf das Innenleben und das Außengeschehen. Sie bereiten auch auf die Darstellung des Innenlebens bzw. auf das Außengeschehen vor. Jeder Schritt im Außen bedeutet gleichzeitig ein Zuwachs für das Innen.

Dem Zeitmaß entspricht der Raumbegriff. Die Einheit des Standorts ist sowohl außen als auch innen. Das Zeitmaß des Ganzen wird zugleich maßgebend für die Gangart der Teile. Dies führt zu einer stringenten Verbindung der Ereignisse mit ihrer Wirkung, die sie austrahlen.

Die Einheit des Standorts wird geschaffen durch den inneren Monolog. Alles strebt zum Mittelpunkt (Halm) hin und gewinnt erst dadurch Leben, Bedeutung und Sinn. Halm vermag mehr als nur zu sehen. Er schaut und verbindet diese Anschauung zugleich mit inneren Zuständen. Dadurch erfährt der Standpunkt Einheitlichkeit und Selbstbezogenheit. Erzählender und Dargestellter sind ein und dieselbe Person. Somit erfährt die Novellenstruktur eine doppelte Verfestigung. Innenvorgänge und Außenvörgänge verbinden sich in der Hauptperson und erfahren durch diese eine Eigendynamik. Halm ist ein getriebener Held. Je mehr er sich befreien möchte aus den Fängen Buchs, umso mehr verstrickt er sich in diese. Der besondere Reiz der Novelle erwächst aus diesem Gegensatz zwischen passivem Helden und aktivem Geschehen. Hieraus resultiert die ungemeine Spannung dieser Novelle.

Der Leser gerät in einen Wechsel von Spannung und Entspannung. Er erfährt die Handlung in ihrer sich zusammendrängenden und steigernden Wirkung, die immer schneller und dichter wird.

6. Die Literatur nach der Revolte

Die sechziger Jahre sind für die Bundesrepublik Deutschland die Zeit einer tief greifenden gesellschaftlichen Krise gewesen. Die Beendigung der Wiederaufbauphase, der ungehemmt und krisenfrei prosperierenden Wirtschaft, die sich mit dem Ende der fünfziger Jahre andeutet, bildet für die Entwicklung in den sechziger Jahren eine ebenso wichtige Voraussetzung wie der Bau der Berliner Mauer am 13. August 1961. Diese beiden Erscheinungsformen einer an ihre Grenzen gelangten Politik erschütterten das Selbstverständnis einer Gesellschaft, deren Glaube an die politische Potenz des Westens und an das eigene ökonomische Wachstum bis dahin frei von jedem Selbstzweifel geblieben war. Selbstzweifel aber inbesondere innerhalb der jungen Generation, unter den Intellektuellen und unter den Arbeitern werden durch eine Reihe weiterer Faktoren innen- wie außenpolitischer Art geweckt und genährt: die „deutsche Bildungskatastrophe", die ökonomischen Krisen der Jahre 1966/67, die Massenentlassungen und Zechenstilllegungen nach sich ziehen; die Bildung der „Großen Koalition" aus Sozialdemokraten und Christdemokraten im Jahre 1966, die sozialen Kämpfe in der Dritten Welt (Che Guevarra, Camillo Torres) und insbesondere der Vietnamkrieg, der vor allem in der jungen Generation Empörung hervorruft.

In den Jahren vor und nach 1969 entfalten sich in der deutschen Literatur jene Vorstellungen, die auf dem Grenzgebiet von Politik und Literatur eine engagierte Parteinahme für eine politische und politisierende Literatur befürworten. Gesprochen wird vom Tod der „bürgerlichen" Literatur. Als Gegenentwürfe bietet man dem antibürgerlichen Publikum das Dokumentartheater (Rolf Hochhut, Hans Magnus Enzensberger, Heinar Kipphardt) und die Dokumentarliteratur (Günter Wallraff, Erika Runge) an. In der Literatur soll sich die kritisch-realistische und emanzipatorische Darstellung einfinden mit gezielter Parteilichkeit des Autors und bewusster Stellungnahme für das sich selbst entfremdete Individuum und gegen die Fremdbestimmung dieses durch die bürgerlich-kapitalistische Gesellschaft (Franz-Xaver Krötz, Heinrich Böll, Martin Walser). Mitgetragen wird dieser literarisch-politische Zeitgeist von der Studentenrevolte, von dem Aufsehen erregenden Regierungswechsel 1969, den die sozialliberale Koalition von SPD und FDP herbeigeführt hat. Willy Brandts politischer Aufruf „Mehr Demokratie wagen!" bereitet den Weg einer gesellschaftlichen Kulturrevolution, die ihre Auswirkungen bis in die Gegenwart zeitigt.

Bei den Literaturproduzenten, wie sich jetzt die Schriftsteller zu nennen pflegen, finden sich nicht wenige, die im Sozialismus eine strukturelle Alternative suchen, um den von ihnen in ihren Büchern und Theaterstücken registrierten und dargestellten Problematiken ein Lösungsfeld zu bieten. Der Sozialismus als Utopie soll auch eine radikale Lösung und Überwindung darstellen, die deutsche Vergangenheit endlich in die politische Richtung zu bewegen, welche 1945 im Westen von der, wie sie jetzt genannt wird, imperialistischen Großmacht Amerika verhindert worden ist. Einer geht diese Hoffnung mit dem gewalttätigen Protest der Studenten und Lehrlinge gegen den Vietnamkrieg. Gleichzeitig wird jetzt ernst gemacht mit der „Abrechnung" mit der Vätergeneration. Die deutsche Geschichte von 1933 bis 1945 gerät in den Mittelpunkt historischer und gesellschaftlicher Diskussion. Plötzlich sieht man die Vergangenheit gegenwärtig und stellt sich ihr. In Anknüpfung an marxistisch-leninistische Theorien und die Theorie der Frankfurter Schule (Theodor Adorno, Max Horkheimer, Erich Fromm) sowie die Psychoanalyse Freuds glauben die Schriftsteller und viele andere Intellektuelle in der Bundesrepublik, das Publikum müsse zunächst im kantschen und dann im marxistischen Sinne aufgeklärt werden, um einem selbstbestimmten Leben entgegenzugehen. Der Glaube an die Machbarkeit einer vernünftigen Gesellschaft, in der die Entfremdung des Individuums von sich und von seinen Mitmenschen aufgehoben sein würde, durchzieht alle öffentlichen und privaten Lebensbereiche.

Jedoch stellt sich die erwartete soziale Revolution in den „Hochburgen des Spätkapitalismus", den Industrieländern, nicht ein. Unter den Intellektuellen machen sich Resignation und ein Rückzug ins Private bemerkbar. Politische Themen verlieren an Dominanz. Die Selbstschau und menschliche „unpolitische" Betrachtungen finden wieder Eingang in die Arbeit der Schriftsteller. Jetzt spricht man von „Tendenzwende". Die westdeutsche Literatur bewegt sich nun verstärkt zwischen Innerlichkeit und alternativen Lebensformen (1969-79). Am Ende des Politisierungsprozesses steht eine Entpolitisierung, die gleichwohl nicht unpolitisch ist. Denn diese Entpolitisierung enthält eine stärkere Betonung individueller Interessen und Motivationen, eine programmatische Rückeroberung der eigenen Sinnlichkeit, die für die literarische Entwicklung in den siebziger Jahren Konsequenzen mit sich bringt: In Autobiografien, in der sich massiv verbreitenden Frauenliteratur, in der neuen Dialektdichtung, in der Lyrik, für die sich Privates und Politisches als untrennbar erweisen (Erich Fried), zeigt sich ein veränderter Zugang zum Verhältnis von Lesen und Schreiben. Diese neuen Schreibweisen versuchen Subjektivität, Geschichte und Gesellschaftspolitik miteinander zu verbinden. Allerdings setzt sie an mit einem Prozess der Selbstvergewisserung, mit Selbstreflexion und Selbsterfahrung. Hier seien exemplarisch einige Autorinnen und Autoren genannt: Gabriele Wohmann, Christa Wolf, Elisabeth Plessen, Karin Struck, Wolfgang Koeppen, Thomas Bernhard, Peter Handke, Walter Kempowski, Max Frisch, Alfred Andersch, Peter Weiss, Günter Grass, Gerhard Zwerenz, Peter Härtling, Martin Walser u.v.a.m.

Marcel Reich-Ranicki hat diese Prosa deshalb auch als „kritischen Psychologismus" bezeichnet. Es geht ihr nicht um Innerlichkeit, sondern um die kritische Innenansicht einer Invidualität, deren Gesellschaftlichkeit umso deutlicher hervortritt, je radikaler und offener die Introspektion vorangetrieben wird. Hierzu zählen auch Martin Walsers Romane „Die Gallistl'sche Krankheit" (1972), „Jenseits der Liebe" (1976) und die Novelle „Ein fliehendes Pferd" (1978).[49]

---

49   Vgl. W.Beutin u.a., a.a.O., S. 462 – 494

7. Der Autor

Der Autor Martin Walser wird am 24. März 1927 in Wasserburg am Bodensee geboren und wächst in einem katholischen Kleinbürgermilieu dort auf. Walsers Eltern besitzen einen kleinen Gasthof, der von Einheimischen häufig besucht wird, vor allem Bauern, Handwerker und Fischer. Der Hof des Gasthofs dient zugleich als Bühne für Vorstellungen durchreisender Wanderzirkusse, die zu Walsers frühesten kindlichen Eindrücken zählen.[50] In dieser Welt macht Martin Walser erste Erfahrungen mit dem kapitalistischen Konkurrenzprinzip unter der Kleinbürgerschicht Wasserburgs. Jeden Sommer wird er täglich zu allen anderen Gasthöfen Wasserburgs geschickt, um die Zahl der dortigen Touristen herauszufinden, weil seine Eltern es für wichtig erachten, ihren Anteil am lokalen Tourismus abzuschätzen. Neben dem Gasthof treiben die Eltern eine Kohlenhandlung um, für die Martin Walser seit seinem elften Lebenjahr arbeitet und nach dem Tod des Vaters, der in seinem 49. Lebensjahr verstirbt, die volle kaufmännische Verantwortung übernimmt. Gleichzeitig besucht er in Lindau die Oberschule mit häufigen Fehlzeiten, bedingt durch die familiäre Situation. Schulzeit bedeutet für Martin Walser die Erfahrung, aus einer anderen gesellschaftlichen Schicht zu kommen, die im Grunde nicht in die Welt des Bildungs- und Geldbürgertums gehört. Einfluss auf Walsers weitere geistig-persönliche Entwicklung hat sein Deutschlehrer. Dieser zeigt ihm, dass das Fach Deutsch ein Fach ist, „in dem eigentlich jeder so sein darf, wie er ist..."[51]

Der wirtschaftlich nicht erfolgreiche Vater hinterlässt seiner Familie keine gesicherte Existenz, so dass die starke und energische Mutter in der dörflichen Lebenswelt Wasserburgs sich und die drei Söhne nur mit größter Mühe durchbringt. Geholfen hat ihr dabei ihr tiefer katholischer Glaube.[52] 1943 wird Martin Walser zur Heimatflak eingezogen und 1944 zum Arbeitsdienst und zum Militär. Er gerät 1945 in Garmisch-Partenkirchen in

50   A. Waine, Martin Walser, München 1980, S. 7
51   zitert nach: A. Waine, a.a.O., S. 12
52   ders., a.a.O., S. 8ff

amerikanische Kriegsgefangenschaft und wird als Bibliothekar in der Bibliothek des Reichsrundfunks München, die von den Nationalsozialisten nach Garmisch ausgelagert wurde und jetzt der amerikanischen Besatzungsmacht untersteht, eingesetzt. Hier entdeckt Martin Walser die Werke Heinrich Heines. Nach seiner Entlassung aus der Gefangenschaft legt er 1946 das Abitur ab. Auf der Abiturfeier der Lindauer Oberschule trägt er dann ein von Heine stark beinflusstes 120 Strophen langes Gedicht vor, das seine Eindrücke von der Schule enthält. Der Direktor droht mit Zeugnisentzug. Nur die Fürsprache seines ehemaligen Deutschlehrers rettet ihn vor dem „rachelüsternen und kleinkarierten" Direktor und seinen Absichten.[53] Zum Wintersemester 46 beginnt er an der Theologisch-Philosophischen Universität Regensburg das Studium der Literatur, Geschichte und Philosophie. Im April 1948 setzt er seine Studien an der Universität Tübingen fort. Er sammelt bereits in Regenburg Erfahrungen bei einer Studentenbühne und fällt durch seine Texte auf. In Tübingen betätigt er sich im Studentenensemble als Schauspieler, Texter und Organisator und promoviert 1951 bei Prof. Friedrich Beißner mit einer Arbeit über Franz Kafka: „Beschreibung einer Form". Kafkas Werk bleibt über Jahre hinweg ein wichtiger Orientierungspunkt für Walsers Selbstverständnis sowohl als Identifikationsmedium persönlicher und gesellschaftlicher Erfahrungen als auch in schriftstellerischer Hinsicht. 1950 heiratet er Katharina Neuner-Jehle, die wie Walser auch aus einem Gasthaus stammt. Mit ihr hat er vier Töchter, allesamt künstlerisch engagiert: Franzisika als Schauspielerin, Alissa als Malerin, Johanna als Schriftstellerin und die jüngste Tochter Theresia als Musikerin. In einem Interview äußert sich Walser, seine Kinder machten ihn verletzbarer. Schon während der Studienzeit arbeitet Walser beim Süddeutschen Rundfunk in Stuttgart zunächst in der Unterhaltungsabteilung, dann im Ressort Politik und Zeitgeschehen sowie Hörspiel-Regie. Im Rahmen seiner freien Mitarbeit (Walser wollte nie eine Festanstellung!) führen ihn Reisen quer durch Mitteleuropa (Italien, Frankreich, England, ehemalige Tschechoslowakei und Polen). Seit 1953 gehört er zur Gruppe 47. In der Gruppe setzt sich Walser für einen Perspektivenwechsel der

---

53   ders., a.a.O., S. 13

Schriftsteller ein. Nicht mehr die Kriegszeit sollte so sehr im Mittelpunkt literarischer Produktionen stehen, sondern die literarisch-ästhetische Auseinandersetzung mit der Gegenwart der neu gegründeten Bundesrepublik wird zum Orientierungspunkt erhoben. Mit diesem literarischen Konzept löst sich Walser auch von seinem literarischen alter ego Franz Kafka. 1955 erhält er den Preis der Gruppe 47 für die Erzählung „Templones Ende". 1957 zieht Walser von Stuttgart nach Friedrichshafen am Bodensee. Seit 1968 lebt er in Nußdorf am Bodensee. Dieser Hang zur Sesshaftigkeit und seine Verbundenheit mit den Menschen und der oberschwäbischen Landschaft spiegeln sich in seinem gesamten literarischen Schaffen wider. Weltläufigkeit ist dennoch kein Widerspruch zu Walsers Heimatbegriff. Bereits 1958 nimmt er an einem Harvard-International-Seminar (von Henry Kissinger organisert) in den USA teil. In den siebziger und achtziger Jahren folgen zahlreiche Gastprofessuren an amerikansichen Universitäten und Colleges (u.a. in Austin und Berkley) und Aufenthalte in England.

In der Theaterarbeit beginnt eine Loslösung von der brechtschen Theatertheorie. In seinen Stücken führt er Stoffe individual- und sozialpsychologischher Art ein, die in Brechts Werken im Großen und Ganzen ausgeklammert sind.[54] Der literarische Erfolg und der Theatererfolg machen Martin Walser über Deutschlands Grenzen hinaus bekannt.

1961 engagiert sich Walser mit weiteren zwanzig bekannten Schriftstellern und Publizisten öffentlich für die SPD. Aus Enttäuschung über die „Verbürgerlichung" der Sozialdemokraten wendet er sich zwischen 1972 und 1974 der wiederzugelassenen DKP zu, von der er sich jedoch bald entfernt, da „Linientreue" für ihn nicht zum Selbstverständnis eines Citoyens gehört. Im Zuge der Politisierung der deutschen Literatur findet sich Martin Walser an vorderster Front einer politisch-ästhetischen Literaturpraxis. Er beteiligt sich an der Realismusdebatte, demonstriert gegen den Vietnamkrieg, die literarische Produktion der Werkreisliteratur wird gefördert, und er setzt sich für einen gewerkschaftlichen Zusammenschluss aller Kunstproduzenten ein. Die Auseinandersetzung mit der natio-

---

54 ders. a.a.O., S. 22

nalsozialistischen Vergangenheit findet schon früh ihren literarischen Niederschlag in Theaterstücken wie „Eiche und Angora" (1962) und „Der Schwarze Schwan" (1965). Dieses öffentliche Engagement des Autors reicht aus, dass die konservative bürgerliche Öffentlichkeit ihn zu den „Linken im Lande" zählt, denen man mit Misstrauen begegnen müsse.

Im Wintersemester 1975/76 hält Walser Vorlesungen an der Gesamthochschule Essen zum Thema „Ironie". 1980 wird dieses Thema in den Frankfurter Vorlesungen wiederaufgenommen unter dem Titel „Selbstbewusstsein und Ironie". Walser ist Mitglied der Akademie der Künste, Berlin, der Deutschen Akademie der Darstellenden Künste sowie der Deutschen Akademie für Sprache und Dichtung, Darmstadt. Er ist Mitglied im PEN-Club und engagiert sich im VS (Verband der deutschen Schriftsteller). 1970, auf dem ersten Schriftsteller-Kongress, fordert er eine IG (Industriegewerkschaft) Kultur, und 1985 hält er eine Rede auf der Gründungsveranstaltung der IG Medien.

Gehör und Autorität verschafft sich Walser in der Bundesrepublik nicht nur durch sein poltisches Auftreten. Seine Kreativität und Fantasie, die sprachliche Gestaltungskraft, die sich in seinen literarischen Werken offenbaren, berühren immer wieder neuralgische Punkte der deutschen Gesellschaft, so dass notwendige Anstöße zu notwendigen öffentlichen Diskussionen gerade von diesen ausgehen. Eine Intentionalität lässt sich nicht ausmachen, eher das Leiden des Schriftstellers an der Wirklichkeit und an den Zuständen einer Gesellschaft, in der es dem (kleinbürgerlichen) Individuum zunehmend schwerer fällt, sich selbst zu bewahren und zu bestimmen. Für dieses sensible Hinschauen in seiner literarischen Produktion wird der Schriftsteller Martin Walser von der intellektuellen Öffentlichkeit mit Preisen geradezu überhäuft:

1959 erhält er den Hermann-Hesse-Preis für seinen Aufsehen erregenden Roman „Ehen in Philippsburg" (1957), in dem er Aufsteigermentalität illusionslos bloßlegt und das männliche Ich mit klinscher Schärfe seziert.[55]

---

55   A. Waine, a.a.O., S. 63

Für das Theaterstück „Eiche und Angora" wird dem Autor der Gerhart-Hauptmann-Preis überreicht. Es folgen 1965 der Schiller-Gedächtnis-Preis des Landes Baden-Württemberg und zwei Jahre später 1967 der Bodensee-Literaturpreis der Stadt Überlingen. Die Heinrich-Heine-Gesellschaft ehrt den Schriftsteller mit der Heine-Plakette 1981. Im selben Jahr wird ihm der Büchner-Preis zuerkannt. 1983 verleiht die Universität Konstanz Martin Walser die Ehrendoktorwürde, und ein Jahr später ernennt ihn seine Geburtsstadt Wasserburg zu ihrem Ehrenbürger. Die Bundesrepublik ehrt den deutschen Schriftsteller mit dem Großen Bundesverdienstkreuz im Jahre 1987. Das Jahr 1990 „bringt" dem Literaten die Carl-Zuckmayer-Medaille. Im selben Jahr wird ihm der Ricarda-Huch-Preis zuerkannt und der Große Literaturpreis der Bayerischen Akademie der Schönen Künste. 1998 verleiht der Börsenverein des Deutschen Buchhandels Martin Walser den Friedenspreis. Mit seiner Festrede in der Frankfurter Paulskirche entfacht der Autor in den öffentlichen Medien eine wochenlange breite Diskussion über den Umgang mit der nationalsozialistischen Vergangenheit.

Bereits zu Beginn der achtziger Jahre (1981) reflektiert der Autor deutsches Geschichtsverständnis und begibt sich wieder auf Konfrontationskurs gegen lieb gewonnene intellektuelle Positionen. Heftige Reaktionen des „linken" Spektrums des westdeutschen Kulturbetriebs sind die unausweichliche Folge.

1987 schreibt Walser die Novelle „Dorle und Wolf". Den Stoff bildet eine deutsch-deutsche Spionagegeschichte, deren politische Logik keine Rücksicht auf menschliches Dasein nimmt. 1988 bekennt sich der Autor zur deutschen Einheit. „Wir müssen die Wunde namens Deutschland offenhalten". Für Martin Walser ist die Teilung Deutschlands kein Zustand, mit dem er sich abzufinden gedenkt. Der literaturpolitische und sprachliche Anklang an Heine ist offensichtlich. Die westdeutsche intellektuelle Öffentlichkeit sieht Walser abdriften in das national-konservative Lager. Seine unkonventionelle und unabhängige Denkungsart wird zwar von der Geschichte 1989 bestätigt, allerdings sieht sich Walser in die Isolation getrieben und beklagt, er habe die letzten Freunde verloren.[56]

56 M. Töteberg, Martin Walser. In: H. L. Arnold (Hg.), Kritisches Lexikon zur deutschsprachigen Gegenwartsliteratur, München, o.J., S. 21

Walsers Argumentation fußt auf seinem Begriff von Subjektivität, deren Wurzel in der Philosophie Nietzsches und Kierkegaards zu finden ist. Aus diesem Verständnis, dass Subjektivität und Leiden an der eigenen Person und der Welt individuelle Legitmation bedeuten, Welt so zu interpretieren, dass eine individuelle Rettung durch sprachliches Handeln möglich erscheint, speist sich die konflikgeladene Energie, der Walser von Jugend an sich und andere aussetzte.

Ihren schriftstellerischen Höhepunkt findet diese Denkstruktur im letzten autobiografischen Roman des Autors: „Ein springender Brunnen". Der Titel, ein Motiv aus einem Nietzsche-Gedicht, bildet gleichsam die programmatische Botschaft: ein Leben in Sprache, mit Sprache, durch Sprache und für die Sprache.

Die Reaktion, die Martin Walser mit diesem Roman in der deutschen Literaturkritik auslöst, bekommt er von M. Reich-Ranicki vorgehalten. Ein Roman, der zeitgeschichtlich in den Jahren 1933 bis 45 spielt, kann nicht die Begriffe „Jude" und „Judenverfolgung" ausklammern. Martin Walser glaubt, seine subjektive Wahrheit verteidigen zu müssen. Mit dem Roman hat er es wieder getan. Die literarische Öffentlichkeit muss wieder Stellung beziehen und darüber debatieren, ob subjektive, individuelle Wirklichkeit gesellschaftlichen Gewissheiten entsprechen muss.

8. Zum Werk:

Das literarische Werk Martin Walsers umfasst eine Vielzahl von Romanen, Erzählungen, Essays, Reden, Übersetzungen, Theaterstücken, Gedichten, Hörspiele und Drehbücher sowie Beiträgen in verschiedenen Zeitungen und Zeitschriften. Hinzu kommen Schallplatten und Tonbandkassetten.[57]

Eine ausführliche Werkbeschreibung würde den Rahmen dieser Interpretation sprengen. Deshalb die Konzentration auf Hauptlinien seines literarischen Oeuvres.

Romane – Novellen – Erzählungen

1955   „Ein Flugzeug über dem Haus und andere Geschichten"

1957   „Ehen in Philippsburg". Roman.

1960   „Halbzeit". Roman.

1964   „Lügengeschichten" Erzählungen.

1966   „Das Einhorn".Roman.

1970   „Fiction". Prosa

1972   „Die Gallistl'sche Krankheit". Roman.

1973   „Der Sturz". Roman.

1976   „Jenseits der Liebe". Roman.

1978   „Ein fliehendes Pferd". Novelle.

1979   „Seelenarbeit". Roman.

1982   „Brief an Lord Liszt". Roman.

1985   „Meßmers Gedanken".

1985   „Brandung". Roman.

1987   „Dorle und Wolf". Novelle.

1988   „Jagd". Roman.

1989   „Armer Janosch". Kriminalroman.

---

57   Bibliografien zu Walsers Werk sind zu finden in: H. L. Arnold (Hg.), KLG (Kritisches Lexikon zur deutschsprachigen Gegenwartsliteratur), Verlag Text und Kritik München o.J., zusammengestellt von M. Töteberg; Stichwort: Martin Walser. K. Siblewski, Bibliografie zu Martin Walser (Stand 1992). In: H.L. Arnold (Hg.), Text + Kritik, Martin Walser, Heft 41/42, München 1983, S. 105 – 115 ders., Martin Walser, Suhrkamp Verlag (st materialien) Frankfurt 1981, S. 263 – 302 Eine aktuelle Bibliografie ist momentan nicht verfügbar.

1991   „Die Verteidigung der Kindheit". Roman.

1993   „Ohne einander". Roman.

1996   „Finks Krieg". Roman

1998   „Ein springender Brunnen". Roman

Theaterstücke

1961   „Der Abstecher"

1962   „Eiche und Angora. Eine deutsche Chronik"

1963   „Überlebensgroß Herr Krott. Requiem für einen Unsterblichen"

1964   „Der Schwarze Schwan"

1967   „Die Zimmerschlacht"

1968   „Wir werden schon handeln"

1971   „Ein Kinderspiel"

1972   „Aus dem Wortschatz unserer Kämpfe"

1975   „Das Sauspiel"

1982   „In Goethes Hand"

1985   „Ein fliehendes Pferd"

1986   „Die Ohrfeige"

1989   „Nero lässt grüßen"

Filme

1963   „Chiarevalle wird entdeckt". Fernsehfilm (Drehbuch: M.Walser)

1964   „Eiche und Angora". Fernsehfilm (Drehbuch: M. Walser)

1969   „Die Zimmerschlacht". Fernsehfilm (Drehbuch: M. Walser)

1976   „Das Unheil". Spielfilm (Drehbuch: M. Walser u.a.)

1976   „Der dritte Grad". Spielfilm (Drehbuch: M. Walser u.a.)

1977   „Das Einhorn". Spielfilm (nach dem Roman von M. Walser)

1979   „Ein fliehendes Pferd". Fernsehfilm (Drehbuch: M. Walser u.a.)

1986   „Säntis". Fernsehfilm. (nach einer Geschichte von Martin Walser) -Reihe. (Drehbuch M. Walser u.a.)

1989   „Armer Janosch". Fernsehfilm (Tatort)

9. Der Autor und seine Novelle

Martin Walser steht dicht hinter oder in den Figuren seiner Novelle. Nicht nur, dass er selbst mit Frau und vier Töchtern am Bodensee in Nußdorf-Überlingen mit Booten und Alpenblick wohnt, Schwimmer, Segler, Tennisspieler, Skiläufer ist und dass genaue Landschafts- und Ortskenntnisse in die Schilderungen eingegangen sind sowie Klaus Buch „in die Gegend vernarrt" und „ein großes Bodenseebuch plant" und die Novelle seiner ältesten Tochter „Franziska", die im Erscheinungsjahr der Novelle 1978 mit 28 Jahren gleichaltrig mit der Figur Helene Buch war, sondern dass Martin Walser den eigenen Germanisten-Komplex, in Gymnasiallehrer und Journalisten, die Alternativen in seiner eigenen Biografie aufspaltet und zu Ende spielt, zeigt eine sehr enge Verbindung von Biografie und Werk.

Theoretisch hat Walser die Nähe, sogar die Identität des Autors und seiner Erfahrungen mit seinem Werk wiederholt betont. 1969 postuliert er: „Jeder Autor ist sein Gegenstand... Und er kann nur noch mit sich selber was anfangen". 1972 sagt er vom Autor: „Wirklich lernen kann er nur das Erfahren, nicht das Schreiben." 1975 bekennt er: „Ich werde nicht fertig werden im Gebrauchmachen meiner Erfahrungen, nämlich meiner kleinbürgerlichen Erfahrungen." Walser führt 1976 aus, dass der „Schwerpunkt" eines Werkes „am schnellsten" zu erfahren sei, „wenn man das Verhältnis des Erzählers zum Helden untersucht", und dass das „ganze Figurenensemble... *einen* Text spricht, EINE Tendenz erzeugt", die „doch wohl die Tendenz des Autors und nicht die eines Erzählers" sei. Walser steckt in seinen Figuren, ohne sich zu verstecken und sich zu verleugnen.[58]

---

58 A. Weber, Martin Walser: Ein fliehendes Pferd. In: J. Lehmann (Hg.), Deutsche Novellen von Goethe bis Walser, Bd.2, Königstein/Taunus1980, S. 295-296

10. Rezeption

Am 1. März 1978 erscheint die Buchausgabe der Novelle im Suhrkamp Verlag. Die Erstauflage von 20 000 Exemplaren ist innerhalb von neun Tagen vergriffen. Die Zweitauflage von 45 000 Büchern ist bereits im Druck oder schon in der Auslieferung begriffen. Nach 14 Tagen ist die Novelle ein Bestseller und erobert die Bestsellerlisten von SWF und „Spiegel". Bis 1980 werden 152 000 Exemplare verkauft. Worin liegt dieser Erfolg beim literarischen Publikum in der Bundesrepublik begründet? Auskunft erteilen die mannigfachen Rezensionen vor und nach der Veröffentlichung sowie die literaturwissenschaftlichen Beiträge in der Folgezeit.

Ein wichtiger Wegbereiter für Walsers Erfolg ist Marcel Reich-Ranickis Vorrezension der Novelle in der Frankfurter Allgemeinen Zeitung (FAZ). In dieser spricht er von „Walsers Glanzstück". Reich-Ranicki erhält dieses Werk für Walsers reifstes, schönstes und bestes Buch, ein Glanzstück deutscher Prosa. Reich-Ranicki ist es auch, der in der FAZ einen Vorabdruck der Novelle initiiert. Damit wird sie einem breiten Publikum von Zeitungslesern vorgestellt und die Neugierde weiterer literarisch interessierter Kreise geweckt.

Schon vor dem Erstverkaufstag und sofort nach der Veröffentlichung wird eine Lawine von Buchbesprechungen in allen regionalen und überregionalen Tages- und Wochenzeitungen in Bewegung gesetzt. Von Februar bis August 1978 erscheinen in der Presse über 130 Rezensionen der Novelle.[59]

Im thematischen Mittelpunkt der Buchbesprechungen in den Feuilletons stehen Helmut Halm und Klaus Buch. So sprechen die „Nürnberger Nachrichten" von einer literarischen Psycho-Studie mit Krimieffekt, die „Saarbrücker Nachrichten" titulieren ihre Rezension „Psycho-Krise während der Lebensmitte" und „DIE ZEIT" kommentiert mit der Überschrift: „Narziss wird fünfzig". In anderen Beiträgen wird die novellistische Form gelobt als „formale Strenge" („Neue Presse Coburg") oder als „neue

---

59 nach H. E. Struck, Martin Walser, Oldenbourg Interpretationen, München 1988, S. 81

Straffheit" („Rheinische Post"). Auch werden literarische Parallelen zu Thomas Manns „Tonio Kröger" oder Goethes „Die Wahlverwandtschaften" gezogen. Die „Süddeutsche Zeitung" (SZ) kritisert die novellistische Fabel mit dem plötzlichen Wiederauftauchen Klaus Buchs als „Deus ex machina" und damit als wenig glaubwürdig. Die Rezension des „Spiegel" betont vor allem die politisch-gesellschaftliche Komponente in der Novelle, in der ein soziales System vorgeführt werde, welches keinen Lebenssinn mehr stiften könne. Nur zwei Rezensionen stellen die weiblichen Figuren in den Mittelpunkt ihrer Interpretation. In diesem Ungleichgewicht ist auch die Ursache für den großen Erfolg von Walsers Novelle zu suchen. Sie ist ein literarisches Werk von einem Mann über Männer für Männer. Der Literaturbetrieb der Bundesrepublik, der überwiegend von Männern bestimmt wird, die sich wiederum im Alter von Klaus Buch und Helmut Halm bewegen und deren Lebensprobleme in Walsers Novelle so treffend beschrieben werden, honorierte diese literarische Produktion mit einer Welle der Aufmerksamkeit, die nicht nur mit Marktstrategien des Verlags erklärt werden kann, wenngleich diese auch eine nicht zu unterschätzende Rolle für den marktwirtschaftlichen Absatz der „Ware Literatur" spielen.

Die literaturwissenschaftlichen Untersuchungen finden ihre Forschungsgebiete vor allem in Einzeluntersuchungen. So stehen das walsersche Ironiekonzept (Diercks) oder die literarisch-philosophische Konzeption kierkegaardscher Denkfiguren und die Philosophie Nietzsches in der Novelle (Michel, Behre) im Mittelpunkt. Des weiteren werden die Motivik (das fliehende Pferd) und literaturhistorische Vorbilder wie Goethes „Wahlverwandschaften" (Sinka und Wiethölter) untersucht. Einen wichtigen Punkt in der wissenschaftlichen Betrachtung nimmt auch die Einordnung der Novelle in Walsers Gesamtwerk ein: die Auseinandersetzung mit Schaffensperioden, ihrer Merkmale und Differenzen (Petzold, Waine, Siblewski). Auch die Funktion und das Funktionieren der Novelle werden literaturwissenschaftlich untersucht (Kaiser).

Mit der Aufnahme der Novelle in den Literaturkanon für die Oberstufe werden auch didaktische Interpretationen vorgelegt. Genannt seinen hier in erster Linie die Arbeiten von H.E.Struck, A. Weber und W. Zimmermann.

1979 wird die Novelle von dem deutschen Fernsehregisseur Peter Beauvais unter Mitarbeit von Martin Walser (Drehbuch) für die ARD verfilmt. 1985 dramtisiert der Autor die Novelle für das Theater.

11. Didaktische Überlegungen[60]

„Jede Beschäftigung mit Kunst bedeutet eine geistige Anstrengung, die in der Regel nicht nur den Jugendlichen, sondern auch den Erwachsenen überfordert. Insofern werden alle Überlegungen zur ‚Altersgemäßheit', zu psychologischen Voraussetzungen nur bedingt unsere Textauswahl und -vermittlung stützen können. Zeigt sich doch, dass im freien außerschulischen Leseverhalten Jugendliche auch nach dem greifen, was nach gängiger Meinung jenseits ihres Horizontes liegt, sofern sie zum Lesen überhaupt motiviert sind. Stets sollte die Frage nach dem möglichen Vergnügen – als der natürlichen Motivation –, das die Lektüre bereiten könnte, gestellt werden; sie wird aber nicht immer ein hinreichendes Kriterium bieten, Vergnügen und Genuss können auch sekundär, durch gewecktes Interesse und erfolgreiche Beteiligung, entstehen. Darin unterscheidet sich die Schule von der Freizeitsituation, dass sie Anstrengungen fordert und Erfahrungen ermöglicht, denen der frei Wählende wahrscheinlich ausweichen würde." [61]

Von dieser Überlegung ausgehend sollte Literatur als Erfahrungsraum begriffen und genutzt werden. Der Schwerpunkt liegt zunächst auf der Betrachtung der literarischen Figuren. Ergänzend soll das Verhältnis von Autor und Gesellschaft in die Interpretationsarbeit miteinbezogen werden.

Das **Schülerinteresse** wird sicherlich im Bereich der **Sexualität** und **Partnerschaft** zu finden sein. Hier bietet sich das Ehepaar Buch als Einstieg in die Figurenanalyse an. Zunächst die scheinbare Erfüllung bei Klaus und Helene und die späteren Irritationen, wobei diese schon früh erkennbar sind, fordern zur Stellungnahme heraus. Hier kann die Entdeckerfreude der Schüler durch Merkwürdiges und Widersprüchliches angeregt werden.

---

60 Die didaktischen Überlegungen basieren im Wesentlichen auf einem Seminarpapier von Prof. Dr. Rolf Nußbaum, Staatliches Seminar für Schulpädagogik Weingarten 1996

61 Marquardt, D., Erzählung, Novelle und Kurzgeschichte im Unterricht. In: Lange, G. u.a., Taschenbuch des Deutschunterrichts Bd.2, Literaturdidaktik, 6. Aufl., Hohengehren 1998, 583f

Auch Klaus Buchs **Jugendsprache**, ihr salopper, elliptischer und kraftmaierischer Stil wird bei den Schülern Ausgang von spontanen und erfahrungsbezogenen Kommentaren sein.

Erste **Texbetrachtungen** und **Vergleiche** mit Abweichungen der Realerfahrung von Mitgliedern der Lerngruppe können jetzt thematisert werden, und behutsame Interpretationen werden zur Sprache kommen. Korrekturen und Ergänzungen durch den Lehrer auch unter Berücksichtigung der Sekundärliteratur finden Eingang in den Unterricht.

Methodenkonzepte können eine Verbindung sein von

– Erleben, Erfahren und Reflektieren
– Spontaneität und Systematik, Intuition und Methode
– Lesen, Schreiben, Spiel und Gespräch

Sachstrukturen

a) Die im Unterricht anzusprechenden **Themenbereiche** können sein: Identitätssuche, Selbstentfremdung, Kommunikationslosigkeit, Altern, Sexualität, Konkurrenz und Reziprozität zweier Lebensstile, Interdependenz von Individuum und Gesellschaft, die BRD der 70-er Jahre, Polarität und Symmetrie der Figuren.

Analyse des Beziehungsgeflechts:

a) Das Verhältnis der Männer zueinander ist **antagonistisch**. Helmut lässt Fehlinterpretationen und Missverständnisse zu und provoziert diese. Klaus braucht den Selbstbetrug und die Beschönigung.

b) Das Verhältnis zwischen den Männern und ihren Frauen ist **komplementär**. Helene soll in Abhängigkeit von Klaus erreichen, was er nicht erreicht hat. Die Beziehung zwischen Helmut und Sabine wird nicht explizit thematisiert. Die Viererkonstellation: Anatomie eines Über-Kreuz-Verhältnisses (vgl. Goethes Wahlverwandtschaften).
Wiedersehen der Männer nach 23 Jahren – Kampf zwischen Buch und Halm – Abbruch des Kontaktes – Aufbruch beider Paare

c) Sabine: Sie ist die heimliche Heldin. Sie hält den Außenkontakt in der Beziehung. Sie bildet den Ruhepol innerhalb des Quartetts. Sie lässt sich erpressen. Sie setzt Montpellier als neues Urlaubsziel durch. Sie ruht in sich selbst (Chiffre für Identität – Traum von der unteilbaren Zahl).

d) Helene: Eine genauere Beschreibung ihrer Weiblichkeit erhält der Leser durch Helmut. Sie ist die attraktionsbedingte Herausforderung für Klaus' Jugend und Vitalität. Sie bewahrt Klaus vor der Isolation wie Sabine Helmut. Helene wird von Klaus unterdrückt, ist aber auch Kronzeugin der Lebenslüge Buchs. Helenes Abhängigkeit soll Klaus Buchs Selbständigkeit garantieren. Helene fungiert als Kompensation für Buchs beruflichen Misserfolg. Die Übernahme seiner Floskeln belegt den Identitätsverlust. Helenes Fluchtversuch ist lediglich rhetorischer Natur.

Analyse der Form

Die Novelle als strenge Komposition im klassisch-romantischen Sinne

Einsträngigkeit auf unerwartete Wendung (ungeheure Begebenheit)

Alternieren von Außen- und Innenräumen

Zeitverdichtung mit Lesefortschritt

Prinzip der Steigerung

Höhe- und Wendepunkt

Konzentration der Handlung durch Aussparung

Zeitdehnung in reflexiven Phasen Halms

Klaus Buch als Handlungsantrieb

Der personale Erzählstil und der innere Monolog (Halms Perspektive)

Das Dingsymbol und Leitmotiv (das fliehende Pferd)

Die Natur als Spiegel personaler Befindlichkeit

Stilcharakteristika: erlebte Rede, wörtliche Rede, Symbole, Wortwiederholungen, Ironie, Dialoge, Parataxen, Ellipsen, unterschiedliche Sprachebenen

Die gesellschaftliche Realität

Sexualität und Liebe im Zeitalter ihrer Reproduzierbarkeit
Die Wirklichkeit der Leistungs- und Konsumgesellschaft
Gesellschaftliche Wirklichkeit und Scheinproduktion
Kommunikationslosigkeit und Selbst-Entfremdung
Die Ehe als Ort der Unterwerfung
Die Ehe als Ort resignativer Gleichgültigkeit
Die Ehe als Ort der Rettung

Der Autor und das Werk

Lesen und Schreiben – zwei Wörter für eine Tätigkeit
Der Schriftsteller als Beobachter und Korrektiv
Schreiben aus Mangel an Leben
Ästhetische Existenz und die Leere des Daseins

Produktionsanregungen

1. Vorschlag: Perspektivenwechsel

Passagen aus der Perspektive der einzelnen Figuren werden umgeschrieben. Dabei verwenden die Schüler die „erlebte Rede" oder den „inneren Monolog".

a) Nach dem Zusammentreffen mit Helmut auf der Uferpromenade mach sich Klaus klar, warum ihn die Wiederbegegnung mit dem Jugendfreund so sehr betrifft.
   Führen Sie seine Gedanken aus.

b) Gestalten Sie in der Form des „inneren Monologs", wie eine von Ihnen erfundene Nebenfigur die Halms oder die Buchs erlebt.

2. Vorschlag: Gegenschreiben

Die Scheinproduktion der Figuren zerstören.
Passagen, worin Helmut und Klaus – auch unterstützt von ihren Frauen – einander täuschen, werden in einem „offenen Dialog" umgeformt und die weiteren Konsequenzen für den Fortgang der Novelle überlegt.
Textstellen: S. 42f; S. 49; S. 52; usw.

3. <u>Vorschlag</u>: Leerstellen und Aussparungen füllen, angedeutete Möglichkeiten realisieren.

a) Schreiben Sie in Form des „inneren Monolgs", was sprechende Blicke oder vermiedene Blicke meinen.
Textstelle: Der Blick Klaus Buchs beim Über-Bord-Gehen.
Textstelle: Das letzte Zusammentreffen zwischen Klaus Buch und Helmut Halm und der vermiedene Blickkontakt zwischen beiden.

b) Helmut und Klaus laufen – wie Klaus vorschlägt – nochmals „vom Stapel". Gemeinsam wollen sie ein neues Leben beginnen, und zwar nicht auf den Bahamas, sondern in unserer Gegenwartsgesellschaft.
Sie setzen sich zusammen und tauschen aus, was sie sich wünschen, was sie stört und was sie ändern wollen.

c) Sabine hält „ihre Rede" (S. 148)

d) Schildern Sie, wie sich Klaus rettet.

e) Klaus holt nach seiner Rettung Hel aus der Wohnung der Halms ab. Beide machen sich auf den Weg. Ein Dialog beginnt.

Klausurthemen:

Thema I

Textstelle: S. 53 – 55: „Du, ich weiß einfach nichts mehr davon... Klar.Re"

1. Ordnen Sie die Textstelle in den Gesamtzusammenhang der Novelle ein.

2. Weisen Sie nach, wie Lebensgefühl und Wesenszüge von Helmut und Klaus in dieser Textstelle ausgedrückt werden.

3. Beschreiben Sie, von der Textstelle ausgehend, wie Helmut Halm und Klaus Buch mit ihrer Vergangenheit umgehen.

Thema II

Textstelle: S. 89 – 91: „Hel hatte sich..., dass ich ein alter Ritter bin, was."

1. Ordnen Sie die Textstelle in den Gesamtzusammenhang der Novelle ein, und bestimmen Sie ihre Funktion.

2. Untersuchen Sie, inwiefern das „fliehende Pferd" Wesenszüge von Helmut Halm und Klaus Buch spiegelt.

3. Erläutern Sie weitergehend, welche Funktion das „Dingsymbol" in der Novelle hat.

Thema III

1. Verfassen Sie eine Rezension, worin Sie Inhalt, Aufbau und Stil der Novelle darstellen.

2. Heben Sie hierbei Vorzüge und Mängel hervor!

3. Fällen Sie ein begründetes Leserurteil!

Thema IV

Textstelle: S. 97 – 101 „Es stellte sich heraus, dass... So beschenkt."

1. Ordnen Sie die Textstelle in den Gesamtzusammenhang ein und beschreiben Sie Klaus und Helene Buchs Verhältnis zur Sexualität, Arbeit und dem Älterwerden.

2. Wie reagiert Helmut Halm darauf?

3. Zeigen Sie ironische Stilmittel auf. Welche Funktion hat die Ironie in dieser Textstelle?

12. Materialien

Die Romantik als Welterfahrung [62]

Trotz divergierender Richtungen und Erscheinungsformen waren die romantischen Impulse bis zur Mitte des 19. Jh. derart umfassend und vielfach miteinander verkettet, dass mit gebotener Vorsicht von einer romantischen Epoche gesprochen werden kann, in der freilich auch Gegenbewegungen zum Zuge kamen. Obwohl bis zum Beginn des 20. Jh. und darüber hinaus romantische Gehalte und Einstellungen immer wieder und in manchen Werken exemplarisch zum Durchbruch kamen (von Wagners *Tristan und Isolde*, 1857-59, über J. Brahms, A. Bruckner und G. Mahler bis zu A. Schönberg, z.B. *Verklärte Nacht*, 1899, ausdrücklich vor allem in den Werken von H. Pfitzner), ist das Netz der Beziehungen zu locker gewebt, als dass hinreichend begründet von „Spätromantik" oder „Neuromantik" die Rede sein könnte. Die romantische Welt- und Seinserfahrung löste sich von ihrer Bindung an eine Epoche. Dass Romantik letztlich der Fixierung auf eine zeitlich begrenzte Epoche und geografisch lokalisierte Epoche widerstrebt, geht wohl auf ihre innersten Beweggründe zurück: Aufhebung realer Zeitlichkeit, d.h. Zurücknahme jener Elemente, die objektive Zeitordnungen setzten (z.B. in der Musik der Wiener Klassiker), Niederlegung der Grenzen zwischen den Künsten und Brückenschlag zum utopischen Reich der überwirklichen „Poesie" (daher Ungegenwärtigkeit), Beschwörung der Vergangenheit als fernes Idealbild (verklärte Ferne), Tendenz zur Entmaterialisierung (Entrückung) des Tons (überhaupt der Kunstmittel), daraus folgend die Sublimierung, Spiritualisierung, über die sich die Idee der Kunstreligion Eingang verschaffte, Absage an die Aufklärung (Nachtsymbolik), Einbruch des Irrationalen. Ferner sind folgende Kriterien zu nennen: Emphase und Gebrochenheit, Tendenz zur „offenen" Form (das inwendig Fragmentarische), die Subjektivierung jeglicher Erfahrung bzw. die Verlegung aller Gegebenheiten ins

---

62 Honegger/ Massenkeil, Das große Lexikon der Musik Bd.7, Freiburg 1987, S. 118

verabsolutierte Subjekt, so dass jede künstlerische Aussage als Reflex eines Erlebnisses auf das Subjekt anmutet. Daraus folgt die intendierte Aufhebung auch der Grenze zwischen Dingwelt und Ich, damit aber die Desintegration und Selbstauflösung des Subjektes („Sehnsucht nach dem Tode", Th. Mann). Mit der Ineinssetzung von Ich und Welt („Selbst dann bin ich die Welt!", *Tristan*, 2. Akt) und mit der Erlösung durch Selbstauflösung schlug Wagner im *Tristan* das Grundthema der Romantik an, verlieh ihm jedoch ungeahnt neue Dimensionen. Aus der romantischen Herstellung „künstlicher Paradiese" (Baudelaire) ergab sich die Idee des „l'art pour l'art", deren Überwindung eine der Haupttendenzen in den künstlerischen Aktionen der Gegenwart ist. Die Gegenkräfte gegen das Romantische, die sich in der 2. Hälfte des 19. Jh. allenthalben regten (Brahms, Bruckner, Mahler) und bis in die konstruktivistischen Richtungen in der Kunst des 20. Jh. zu verfolgen sind, standen stets im Zeichen einer Wiederherstellung von Objektivität, Realität und Entmachtung des willkürlich Subjektiven.

E. Goffman: Der Glaube an die eigene Rolle [63]

Wenn der Einzelne eine Rolle spielt, fordert er damit seine Zuschauer auf, den Eindruck, den er bei ihnen hervorruft, ernst zu nehmen. Sie sind aufgerufen zu glauben, die Gestalt, die sie sehen, besitze wirklich die Eigenschaften, die sie zu besitzen scheint, die Handlungen, die sie vollführt, hätten wirklich die implizit geforderten Konsequenzen, und es verhalte sich überhaupt alles so, wie es scheint. Dem entspricht die allgemein verbreitete Meinung, dass der Einzelne seine Rolle für die anderen spiele und seine Vorstellung nur für sie inszeniere...

Da finden wir auf der einen Seite den Darsteller, der vollständig von seinem Spiel gefangen genommen wird; er kann ehrlich davon überzeugt sein, dass der Eindruck von Realität, den er inszeniert, >>wirkliche<< Realität sei...

---

63   E. Goffman, Wir alle spielen Theater, Die Selbstdarstellung im Alltag, München 1985, S. 19f

Auf der anderen Seite steht der Darsteller, den seine eigene Rolle überhaupt nicht zu überzeugen vermag. Diese Möglichkeit wird daraus verständlich, dass sich kein anderer Beobachter in einer auch nur annähernd so günstigen Lage befindet, das Spiel zu durchschauen, wie derjenige, der es inszeniert. Weiterhin ist es möglich, dass der Darsteller nur mittelbar und zu anderen Zwecken daran interessiert ist, die Überzeugungen seines Publikums zu beeinflussen, so dass ihm letzlich die Auffassung, mit der es ihm und seiner Situation gegenübersteht, gleichgültig ist. Ist der Darsteller nicht von seiner eigenen Rolle überzeugt und nicht ernsthaft an den Überzeugungen seines Publikums interessiert, mögen wir ihn >>zynisch<< nennen, während wir den Ausdruck >>aufrichtig<< für Darsteller reservieren, die an den Eindruck glauben, den ihre eigene Vorstellung hervorruft. Wir dürfen nicht vergessen, dass der zynische Darsteller bei allem bestehenden Desinteresse doch auch von seiner Maskerade befriedigt sein kann, wenn er die Tatsache, nach Belieben mit etwas spielen zu können, was sein Publikum ernst nehmen muss, als belebende geistige Aggression erfährt.

Wir nehmen natürlich nicht an, dass alle zynischen Darsteller aus Eigennutz oder zum Zweck persönlichen Gewinns daran interessiert sind, ihr Publikum zu täuschen. Der Zyniker kann sein Publikum zu dessen eigenem Besten oder um des Gemeinwohls willen irreführen.

E. Fromm: Die Liebe und ihr Verfall in der zeitgenössischen westlichen Gesellschaft[64]

Wenn die Liebe eine Fähigkeit des reifen und schöpferischen Charakters ist, folgt daraus, dass die Fähigkeit des Liebens in jedem Menschen, der in einer bestimmten Gesellschaft lebt, von dem Einfluss abhängig ist, den diese Gesellschaft auf den Charakter des Betreffenden ausübt. Wenn wir von der Liebe in

64   E. Fromm, Die Liebe und ihr Verfall in der zeitgenössischen westlichen Gesellschaft. In: Wort und Sinn, Lesebuch für den Deutschunterricht, Oberstufe, hrsg. Von K.-E. Jeismann u. a., Paderborn 1971

der zeitgenössischen westlichen Gesellschaft sprechen, wollen wir damit die Frage stellen, ob die gesellschaftliche Struktur der westlichen Zivilisation und der aus ihr resultierende Geist der Entwicklung der Liebe förderlich sind. Diese Frage zu stellen bedeutet, sie im negativen Sinne zu beantworten. Kein objektiver Beobachter unseres westlichen Lebens kann daran zweifeln, dass die Liebe – die Nächstenliebe, die Mutterliebe und die erotische Liebe – ein verhältnismäßig seltenes Phänomen ist und dass verschiednene Formen von Pseudo-Liebe an ihre Stelle getreten sind, die in Wirklichkeit nur genauso viele Formen des Verfalls dieser Liebe sind.

Was ist das Ergebnis? Der moderne Mensch ist sich selbst wie auch seinen Mitmenschen und der Natur entfremdet. Er ist zu einer Ware geworden, erlebt seine Lebenskraft als Kapitalanlage, die ihm unter den gegebenen Marktbedingungen ein Maximum an Gewinn einbringen muss. Die menschlichen Beziehungen sind im Wesentlichen die entfremdeter Automaten, deren Sicherheit darauf beruht, möglichst dicht bei der Herde zu bleiben und sich im Denken, Fühlen oder Handeln nicht von ihr zu unterscheiden. Während jeder versucht, den anderen so nahe wie möglich zu sein, bleibt jeder doch völlig allein, durchdrungen von dem tiefen Gefühl von Unsicherheit, Angst und Schuld, das immer auftritt, wenn die menschliche Getrenntheit nicht überwunden wird. Unsere Zivilisation bietet jedoch verschiedene Möglichkeiten, damit die Menschen diese Einsamkeit bewusst nicht gewahr werden: in erster Linie die strenge Routine der bürokratisierten, mechanischen Arbeit, die dazu verhilft, dass die Menschen ihr grundlegendstes menschliches Verlangen, die Sehnsucht nach Transzendenz und Einheit, nicht bewusst erleben. Da die Routine dazu allein nicht ausreicht, mildert der Mensch seine unbewusste Verzweiflung durch die Routine des Vergnügens, durch den passiven Konsum von Tönen und Bildern, die ihm die Vergnügungsindustrie anbietet, ferner aber auch durch die Befriedigung, immer neuer Dinge zu kaufen und diese bald darauf durch andere auszuwechseln. Der moderne Mensch ähnelt tatsächlich jenem Bild, das Huxley in seinem Buch *Schöne neue Welt* beschreibt: gutgenährt, gutgekleidet, sexuell befriedigt, aber ohne Selbst, nur im oberflächlichen Kontakt mit seinen Mitmenschen, geleitet allein von Slogans, die Huxley knapp folgendermaßen formuliert: „Verschiebe dein Vergnügen nie auf morgen, wenn du es heute haben kannst." Oder die alles krönende Feststellung: „Jeder ist heutzutage glücklich!" Das Glück des Menschen besteht heute darin, sich zu vergnügen. Vergnügen liegt in der Befriedigung des Konsumierens und „Einverleibens": von Waren, Bildern, Essen, Trinken, Zigaretten, Menschen, Zeitschriften, Büchern und Filmen. Alles wird konsumiert, wird geschluckt. Die Welt ist nur für unseren Hunger da, ein riesiger Apfel, eine riesige Flasche, eine riesige Brust; wir sind Säuglinge, die ewig Erwartungsvollen, die ewig Hoffnungsvollen – und die ewig Enttäuschten. Unser Charakter ist darauf eingerichtet, auszutauschen, zu empfangen und zu verbrauchen. Alles – geistige wie auch materielle Dinge – wird zum Objekt des Tausches und Verbrauches.

Die offensichtlichen klinischen Tatsachen zeigen jedoch, dass Männer – und Frauen –, die ihr Leben lang das sexuelle Verlangen ungehemmt befriedigten, keineswegs dadurch glücklich werden, sondern sehr oft an ernsten neurotischen Konflikten und Symptomen leiden. Die vollständige Befriedigung aller instinktiven Wünsche ist nicht nur keine Basis für das Glück, sondern garantiert nicht einmal minimale seelische Gesundheit...

F. Nietzsche: Die Heimkehr [65]

O Einsamkeit! Du meine Heimat Einsamkeit! Wie selig und zärtlich redet deine Stimme zu mir!

Wir fragen einander nicht, wir klagen einander nicht, wir gehen offen miteinander durch offene Türen.

Denn offen ist es bei dir und hell; und auch die Stunden laufen hier auf leichten Füßen. Im Dunkeln nämlich trägt man schwerer an der Zeit, als im Lichte.

Hier springen mir alles Seins Worte und Wortschreine auf: alles Sein will hier Wort werden, alles Werden will hier von mir reden lernen.

65   F. Nietzsche, Also sprach Zarathustra, Stuttgart 1975, S. 204-206

Da unten aber – da ist alles Reden umsonst! Da ist Vergessen und Vorübergehen die beste Weisheit: Das – lernte ich nun!

Wer alles bei den Menschen begreifen wollte, der müsste alles angreifen. Aber dazu habe ich zu reinliche Hände.

Ich mag schon ihren Atem nicht einatmen; ach, dass ich so lange unter ihrem Lärm und üblen Atem lebte!

O selige Stille um mich! O reine Gerüche um mich! O wie aus tiefer Brust diese Stille reinen Atem holt! O wie sie horcht, diese selige Stille!

Aber da unten – da redet alles, da wird alles überhört. Man mag seine Weisheit mit Glocken einläuten: die Krämer auf dem Markte werden sie mit Pfennigen überklingeln!

Alles bei ihnen redet, niemand weiß mehr zu verstehn. Alles fällt ins Wasser, nichts fällt mehr in tiefe Brunnen.

Alles bei ihnen redet, nichts gerät mehr und kommt zu Ende. Alles gackert, aber wer will noch still auf dem Neste sitzen und Eier brüten?

Alles bei ihnen redet, alles wird zerredet. Und was gestern noch zu hart war für die Zeit selber und ihren Zahn: heute hängt er zerschabt und zernagt aus den Mäulern der Heutigen.

Alles bei ihnen redet, alles wird verraten. Und was einst ein Geheimnis hieß und Heimlichkeit tiefer Seelen, heute gehört es den Gassen-Trompetern und anderen Schmetterlingen.

O Menschenwesen, du wunderliches! Du Lärm auf dunklen Gassen! Nun liegst du wieder hinter mir: – meine größte Gefahr liegt hinter mir!

Im Schonen und Mitleiden lag immer meine größte Gefahr; und alles Menschwesen will geschont und gelitten sein.

Mit verhaltenen Wahrheiten, mit Narrenhand und vernarrten Herzen und reich an kleinen Lügen des Mitleidens: – also lebte ich immer unter Menschen.

Verkleidet saß ich unter ihnen, bereit, mich zu verkennen, dass ich sie ertrüge, und gern mir zuredend „du Narr, du kennst die Menschen nicht!"

Man verlernt die Menschen, wenn man unter Menschen lebt: zu viel Vordergrund ist an allen Menschen, – was sollen da weitsichtige, weit-süchtige Augen!

Und wenn sie mich verkannten: Ich Narr schonte sie darob mehr als mich: gewohnt zur Härte gegen mich und oft noch an mir selber mich rächend für diese Schonung.

Zerstochen von giftigen Fliegen und ausgehöhlt, dem Steine gleich, von vielen Tropfen Bosheit, so saß ich unter ihnen und redete mir noch zu: „unschuldig ist alles Kleine an seiner Kleinheit!"

Sonderlich die, welche sich „die Guten" heißen, fand ich als die giftigen Fliegen: sie stechen in aller Unschuld, sie lügen in aller Unschuld; wie vermöchten sie gegen mich – gerecht zu sein!

Wer unter den Guten lebt, den lehrt Mitleid lügen. Mitleid macht dumpfe Luft allen freien Seelen. Die Dummheit der Guten ist nämlich unergründlich.

Mich selber verbergen und meinen Reichtum – das lernte ich da unten: denn jeden fand ich noch arm am Geiste. Das war der Lug meines Mitleidens, dass ich bei jedem wusste.

– dass ich jedem es ansah und anroch, was ihm Geistes genug und was ihm schon Geistes zuviel war!

Ihre steifen Weisen: ich hieß sie weise, nicht steif, – so lernte ich Worte verschlucken. Ihre Totengräber: ich hieß sie Forscher und Prüfer, – so lernte ich Worte vertauschen.

Die Totengräber graben sich Krankheiten an. Unter altem Schutte ruhn schlimme Dünste. Man soll den Morast nicht aufrühren. Man soll auf Bergen leben.

Mit seligen Nüstern atme ich wieder Berges-Freiheit! Erlöst ist endlich meine Nase vom Geruch alles Menschwesens!

Von scharfen Lüften gekitzelt, wie von schäumenden Weinen, niest meine Seele, – niest und jubelt sich zu: Gesundheit!

Also sprach Zarathustra.

F. Nietzsche: Die Leere des Daseins[66]

Es sind uns, wie noch nie irgendwelchen Menschen, Blicke nach allen Seiten vergönnt, überall ist kein Ende abzusehen. Wir haben daher ein Gefühl der ungeheuren Weite, – aber auch der ungeheuren *Leere* voraus: und die Empfindsamkeit aller höheren Menschen besteht in diesem Jahrhundert darin, über dies furchtbare *Gefühl der Öde* hinwegzukommen. Der Gegensatz dieses Gefühls ist der *Rausch* ... So ist denn dies Zeitalter im Erfinden von Rauschmitteln am erfinderischsten. Wir kennen alle den Rausch der Musik, als blinde, sich selber blendende Schwärmerei und Anbetung vor einzelnen Menschen und Ereignissen; wir kennen den Rausch des Tragischen, das ist die Grausamkeit im Augenblick des Zugrundegehens, zumal wenn es das Edelste ist, was zu Grunde geht; wir kennen die bescheideneren Arten des Rausches, die besinnungslose Arbeit, das Sichopfern als Werkzeug einer Wissenschaft oder politischen oder Geld machenden Partei; irgendein kleiner dummer Fanatismus, irgendein unvermeidliches Sichherumdrehen im kleinsten Kreise hat schon berauschende Kräfte. Es gibt auch eine gewisse exzentrisch werdende Bescheidenheit, welche das Gefühl der Leere aller Dinge, eine Mystik des Glaubens an das Nichts und ein Sichopfern für diesen Glauben... Wie verzeichnen wir und führen gleichsam Buch über unsere *kleinen* Genüsse, wie als ob wir mit dem *Summieren* des vielen kleinen Genusses ein Gegengewicht gegen jene Leere, eine Füllung jener Leere erlangen könnten – : wie täuschen wir uns mit dieser summierenden Arglist!

---

66 Aus: F. Nietzsche, Die fröhliche Wissenschaft, XIV, 208f. Zitiert nach: K. Löwith, Nietzsches Philosophie der ewigen Wiederkehr des Gleichen, Stuttgart 1956, S. 35

S. Kierkegaard: Das Gleichgewicht zwischen dem Ästhetischen und dem Ethischen in der Herausarbeitung der Persönlichkeit [67]

Das Leben sei eine Maskerade, erklärst Du, und das ist Dir ein unerschöpflicher Stoff zum Vergnügen, und noch ist es niemandem gelungen, Dich zu erkennen; denn jede Offenbarung ist immer eine Täuschung, so nur kannst Du atmen und verhindern, dass die Leute auf Dich eindringen und die Respiration beeinträchtigen. Darin hast Du Deine Tätigkeit, Dein Versteck zu bewahren, und das gelingt Dir, denn Deine Maske ist die rätselhafteste von allen; Du bist nämlich nichts und bist immer nur im Verhältnis zu andern, und was Du bist, bist Du durch dies Verhältnis. Einer zärtlichen Hirtin reichst Du schmachtend die Hand und bist im selben Augenblick in aller möglichen Schäfersentimentalität maskiert; einen ehrwürdigen geistlichen Vater betrügst Du mit einem Bruderkuss usw. Du selbst bist nichts, eine rätselhafte Gestalt, auf deren Stirn geschrieben steht: entweder – oder;... Weißt Du denn nicht, dass einmal eine Mitternachtsstunde kommt, da ein jeder sich demaskieren muss, glaubst Du, dass das Leben immer mit sich spaßen lässt, glaubst Du, man kann sich kurz vor Mitternacht wegschleichen, um dem zu entgehen?... In jedem Menschen ist etwas, was ihn bis zu einem gewissen Grade daran hindert, sich selber völlig durchsichtig zu werden, und zwar kann dies in so hohem Maße der Fall sein, kann er so unerklärlich in Lebensverhältnisse, die über ihn hinausliegen, verflochten sein, dass er sich fast nicht mehr zu offenbaren vermag; wer sich aber nicht offenbaren kann, der kann nicht lieben, und wer nicht lieben kann, der ist der Unglücklichste von allen...

M. Walser: Wer ist ein Schriftsteller? [68]

Ich habe schon öfter auszudrücken versucht, dass nur der etwas zu sagen hat, dem etwas fehlt... Der eine lässt sich alles gefallen. Der andere wehrt sich mit Händen und Füßen. Der

67 S. Kierkegaard, Entweder – oder, München 1975, S. 707-708
68 M. Walser, Wer ist ein Schriftsteller? Aufsätz und Reden, Frankfurt 1979, S. 36f

dritte wehrt sich auf dem Rechtsweg. Der vierte auf dem politischen. Der fünfte >>greift zur Feder<<. Und wenn die unzumutbare Bedingung wegfällt, hört er auf zu schreiben. Es gibt aber welche, für die entfällt die unzumutbare Bedingung nie. Sie sind dem Mangel, der zum Schreiben zwingt, lebenslänglich konfrontiert. Das sind meistens die, die in überlieferten Literaturformen geeignete Instrumente sehen, um ihre Mangelerfahrung zu beantworten. Aber nicht um die Formen zu pflegen, schreiben sie, sondern weil sie mit diesen >>Formen<<, diesen höchst ungewissen, arbeiten zu können glauben. Was sie zu diesen >>Formen<< hinzieht, ist vor allem die Lizenz, vom eigenen zerdepperten Ich, das man zusammenflicken will, im Fiktionsmittel vorgreifend therapeutisch als von einem wahrnehmbaren, konsistenten reden zu können. Das Ich des Autors ist sozusagen prinzipiell beschädigt. Seine Identität ist fragwürdig, ungesichert. Aber das hat er mit vielen gemein... Jemand, der die Mangelhaftigkeit seiner Identität nicht mehr leidend hinnimmt, sondern in den Beschädigungen das Beschädigende zu erkennen versucht, wird ein Experte für Identitätsbeschädigung. Wenn er sich mehr für das Beschädigende interessiert, wird er ein realistischer Schriftsteller. Wenn er sich einfach Abhilfe verschaffen will, wenn er nur sich selber entschädigen will, dann wird er das, was unsere Bewertungsinstanzen am liebsten einen Dichter nennen...

Es ist natürlich nicht so, dass sich jemand entschließt, in den Beschädigungen, die er an sich entdeckt, den Beschädigern auf die Spur zu kommen. Er findet sich einfach beschädigt und sich gezwungen, sich mit seiner Beschädigtheit zu beschäftigen wie mit einer wunden Stelle. Wenn man eine schmerzende Stelle im Mund hat, kann man die Zunge nicht hindern, immer wieder diese Stelle aufzusuchen, zu betasten. Und wie von selbst kommt man dann zu den Bedingungen, die solche Beschädigungen ermöglichen. Man macht sich ganz von selbst eine Figur, die mit diesen Beschädigungen leichter umgehen kann als man selbst. Fast experimentell.

Gott ist genau jene Identität, die sich jeder Mangelhafte, jeder Unterdrückte wünscht. Also die Zusammenfassung alles dessen, was dem Unterdrückten fehlt. Gott ist aber auch ein Fiktionsheld, der beweist, dass Menschen auf Existenzbedingungen nicht direkt antworten können. Unsere ungeheure Lage ist nicht direkt auszudrücken. Jeder Versuch, direkt zu sagen, wie es ist, würde zu einer verlogenen Positivität führen. Im durch Erfahrung trainierten Schein, in der Fiktion kann das Ungeheure einer menschlichen Situation annäherungsweise zum Ausdruck kommen. Das, was unsere Figur mehr hat als wir, drückt unseren Mangel aus...

Mir ist nicht entgangen, dass ich zur Umschreibung des Schriftstellers und zur Qualifizierung seiner mittelbaren Arbeit mich der Begriffe von Kierkegaard *und* Marx bedient habe. Das ist weniger pluralistisch, als es scheint, wenn man zugibt, dass beide Söhne des einzigen Vaters Hegel sind und also dialektisch dachten. Ich möchte auf keinen verzichten. Der eine hat das Handeln, der andere das Leiden zum Gegenstand der Dialektik werden lassen. Und dass Leiden und Handeln Momente *einer* dialektischen Bewegung sind, ist nichts als eine begriffliche Fassung des Schreibvorgangs, der Schreibbedingung...

Kierkegaard hat als seinen wichtigsten Beitrag zur Geschichte das Ausdrucksmittel angesehen, das er ausbildete; er nannte es die >>Gegensätzlichkeitsform<<. Die Unverhältnismäßigkeit von innen und außen glaubte er nicht anders als durch eine Gegensätzlichkeitsform ausdrücken zu können. Aber gleichzeitig wollte er verhindern, dass der Leser einfach gerührt der direkten Mitteilung verfalle. Brecht hat viel später das gleiche mit Hilfe von Marx versucht: was bei Kierkegaard Gegensätzlichkeitsform hieß, heißt bei Brecht Verfremdung.

Die Wirkungen, die so erzielt werden, sind nicht messbar; deshalb ist es müßig, über die Wirkungen zu reden. Aber die so entstandenen Werke sagen um so genauer, welche Wirkungen sie erzielen wollen. Und noch genauer sagen sie, wie der Autor sich von Buch zu Buch verändert... Deshalb die Behauptung: wer sich schreibend verändert, ist ein Schriftsteller. Er könnte auf eine vergleichbare Provokation nicht mehr gleich reagieren. Und die Wirkung, die das auf ihn selber hat, ist die einzige Wirkung, über die man vernünftig reden kann. Dass der Schriftsteller außer sich selbst noch einen verändert, ist nicht beweisbar. Aber seine eigene Veränderung ist in seiner Produktion ablesbar.

M. Walser: Über Leseerfahrungen[69]

Ich muss gestehen, ich lese nicht zu meinem Vergnügen, ich suche weder Entspannung noch Ablenkung, noch andere Freuden dieser Art. Ein Buch ist für mich eine Art Schaufel, mit der ich mich umgrabe. Obwohl ich das nicht zu meinem Vergnügen tue, sondern einfach aus einem Bedürfnis, für das ich keine Gründe mehr anzugeben weiß, keine Gründe auf jeden Fall, die von anderer Art wären, als die, die uns veranlassen zu atmen oder zu essen, trotzdem macht mir das Lesen, dieses Herumgraben in mir selbst, oft mehr Vergnügen, als das Atmen, ja es macht mir zuweilen sogar das Atmen wieder vergnüglicher...

Wer Tag für Tag einer Sache zugewandt ist, am Schalter steht und sechzehntausend Gesichter sieht, wer ein paar hundert Schrauben zu drehen hat, Zimmerwände tapezieren, Zähne aufbohren oder Schülern das kleine Einmaleins beibringen muss, der kommt nicht dazu, die Möglichkeiten seines Bewusstseins zu erschöpfen; für den muss die Menschheit, die Wirklichkeit eine vielgliedrige Maschinerie sein, bei der es aufs Funktionieren ankommt. Wie der Arzt nun dafür zu sorgen hat, dass der Leib all dieser Handelnden nicht verkümmert, nicht zu einer einzigen rechten Hand wird, oder zu einer Schulterbewegung, weil alles andere nicht mehr gebraucht wird, so kann der Schriftsteller dem Bewusstsein sich zuwenden. Der Schriftsteller, durch keine andere Hantierung abgelenkt, ist der Beobachter und als solcher auch Korrektiv. Das wäre zumindest eine seiner Möglichkeiten...

M. Walser: Über den Leser – soviel man in einem Festzelt darüber sagen soll[70]

Der Leser ist vergleichbar eher dem, der musiziert, als dem, der Musik hört. Der Leser braucht die gleichen Voraussetzungen, die der Musizierende braucht. Ich spreche nicht von

69 Walser, M., Erfahrungen und Leseerfahrungen. Frankfurt a. M. 1965, S. 124f
70 Walser, M., Versuch, ein Gefühl zu verstehen, Ditzingen 1982, S. 76ff

Bildungsquanten. Wie klänge ein Schubert-Lied, wenn der, der es singt, nichts hätte als eine Stimme und eine Ausbildung, von dem Unerträglichen aber, gegen das diese Lieder geschrieben wurden, hätte er keine Ahnung! So wenig genügt es, lesen gelernt zu haben, um Kafka lesen zu können. Wer zum Beispiel glaubt, er sei an der Macht, er sei oben, er sei erstklassig, er sei gelungen, er sei vorbildlich, wer also zufrieden ist mit sich, der hat aufgehört ein Leser zu sein... Wer aber noch viel zu wünschen und noch mehr zu fürchten hat, der liest. Lesen hat keinen anderen Anlass als Schreiben. Auch das Schreiben findet statt, weil einer etwas zu wünschen und zu fürchten hat. Lesen und Schreiben wären also eng verwandt? Es sind zwei Wörter für *eine* Tätigkeit, die durch die unser Wesen zerreißende Arbeitsteilung zu zwei scheinbar unterscheidbaren Tätigkeiten gemacht wurde. Also, weil einem etwas fehlt, schreibt er, und weil ihm etwas fehlt, liest er? Wenn der Leser nicht die gleichen Erfahrungen gemacht hat, die der Autor gemacht hat, sagt ihm das Buch nichts, ist es tot für ihn. Man sagt dann, er kann mit dem Buch nichts anfangen... Man muss es hundertmal sagen, dass das Schreiben nicht Darstellen ist, nicht Wiedergeben, sondern Fiktion, also eo ipso Antwort auf Vorhandenes, Passiertes, Wirkliches, aber nicht Wiedergabe von etwas Passiertem. Fiktion ist also das Produkt der Verhältnisse, nicht ihr Spiegel. Fiktion ist auch nicht Zutat, sondern Verwandlung von etwas Geschehenem in etwas Erwünschtes. Der Leser antwortet. Er antwortet mit seinen eigenen Wünschen und Fürchten. Er antwortet auf die Fiktion des Schreibers mit *seiner* Fiktion. Der Leser potenziert also die Fiktion. Erst in ihm entfaltet die Fiktion ihre Protestkraft, Kritikkraft, Wunschkraft. Auch ein Buch, das kein happy end hat, zeigt durch seine Stimmung, dass es lieber gut ausginge; dass es eine Wirklichkeit wünscht, in der das Ende glücklich wäre. Ich kenne nicht ein einziges Buch, in dem ein unglückliches Ende bejubelt wird, in dem der Schreiber sich glücklich zeigt über das unglückliche Ende, das seine Geschichte unter den herrschenden Umständen nehmen musste. Das ist das Gemeinsame: Leser und Schreiber wünschen ein besseres Ende jeder Geschichte, d.h. sie wünschen, die Geschichte verliefe überhaupt besser...

Religion ist...die erste Literatur überhaupt. Sie ist die Gründung der Fiktion. Was wir als Literatur haben, ist bastardisierte Religion. Gott mit allem Drum und Dran ist ja nichts anderes als unsere Antwort auf unsere Hilflosigkeit, Hilfsbedürftigkeit. Deshalb haben wir ihn ausgestattet mit Allmacht, Allgegenwart, Unsterblichkeit. Eben mit allem, woran es uns permanent fehlt. Aber es spricht für uns, finde ich, dass wir Gott so *gut* geschaffen haben. Und dass wir den Teufel mit ein bisschen weniger...Kraft ausgestattet haben als Gott, spricht auch für uns. Für uns Schriftsteller bzw. Menschen. Der Mensch ist prinzipiell ein Schriftsteller. Und ein Leser. Ein Leser ist ein Schriftsteller, der seine Bücher nicht schreibend, sondern lesend hervorbringt. Dafür gibt es viele Gründe. Aber den Leser für keinen Schiftsteller zu halten, wäre genauso unsinnig, wie einen Betenden nicht für fromm oder religiös zu halten, bloß weil er zum Beten einen Text benutzt, der von einem anderen entworfen wurde. Wenn schon Unterschiede sein sollen, könnte man vermuten, der, der Gebetstexte liefert und nur mit *eigenen* Texten betet, sei weniger fromm oder religiös als der, der sein Gebet mit fremdem Text verrichtet.

Ein Gespräch mit Martin Walser in Neuengland 1979[71]

WALSER:

... Es ist jetzt das große Problem: Kann ein Autor mit mehr als einer Stimme vertrauenswürdig erzählen? Vielleicht täusche ich mich im Augenblick, wenn ich sage, ich möchte die Gegenstimme, was auch immer sie bedeute, wie sie auch immer sich zu Wort meldet, ich möchte sie verstärken. Vielleicht täusche ich mich, vielleicht jage ich da einem Unerfindbaren nach und schreibe dann bloß künstliches Zeug damit. Im Augenblick glaube ich noch daran. Ich bin schon immer mehr als eine Stimme in mir gewesen. Und wenn ich mit einer Stimme gesprochen habe, dann habe ich schon ein bisschen reduziert. Also

---

71   Ein Gespräch mit Martin Walser in Neuengland. 1979. In: Siblewski, K., Martin Walser, Frankfurt 1981, S. 36f

ich bin eigentlich eine eher polyforme Erscheinung, da ich nicht selbstsicher bin wie Goethe. Ich könnte meine Unsicherheiten verstärken, und dann hätte ich mindestens schon zwei Stimmen.

TOTTEN:
Die aber in dem Roman dann...

WALSER:
... als zwei Figuren zum Ausdruck kommen. Also so, wie da dieser Klaus Buch und der Helmut Halm im *Fliehenden Pferd*.

TOTTEN:
Ja. Wobei der Klaus Buch aber doch unbedingt sekundär ist.

WALSER:
Ja, das ist es eben, also das ist das erste Buch, das ich, ohne es zu wissen, in dieser Arbeitshaltung geschrieben habe. Mich hat nachher ein Freund darauf aufmerksam gemacht. Er hat gesagt: die beiden Stimmen in dir hast du da zum ersten Mal gegeneinander ins Spiel gebracht, ich würde mich da gegen einen wirklichen Klaus Buch wehren. Jetzt ist der natürlich noch zu kurz gekommen gegenüber Helmut Halm. Das stimmt eindeutig. Das ist ein ungerechtes Verhältnis. Also könnte ich das ganze Arbeitskonzept, das ich da mühselig herstammle, so formulieren: ich will einfach den Klaus Buch stärker machen.

TOTTEN:
Ja, aber indem Sie alles durch das Bewusstsein einer Figur widerspiegeln, ist ja unbedingt die andere Figur sekundär.

WALSER:
JA: Das ist die Frage. Das ist genau die Frage. Ich würde gerne diese paradox klingende Aufgabe, so wie Sie es formuliert haben, lösen. Trotz perspektivischer Enge zur sogenannten Hauptfigur möchte ich das Feld der Gegenfigur verstärken. Die Enge dieses Blickwinkels ist für mich die Hauptquelle der Produktivität, seit ich zur Er-Figur übergegangen bin, also seit 1976.

TOTTEN:
Macht es da noch einen Unterschied aus, ob es eine Ich- oder Er-Figur ist, wenn alles von innen gesehen wird?

WALSER:
Ja, in der Stimmung. Die Ich-Figur ist grenzenlos. Auch sprachlich ist sie dann so schwer zu wenden und zu dämmen und zu
fassen...

Die Verleihung des Friedenspreises des Deut-
schen Buchhandels am 11. Okotober 1998

Am 11. Oktober 1998 erhält Martin Walser den Friedenspreis
des Deutschen Buchhandels.

Der Stiftungsrat für den Friedenspreis des Deutschen Buchhandels schreibt in seiner Begründung:

„Der Buchhandel ehrt damit den deutschen Schriftsteller, dessen literarisches Werk die deutschen Wirklichkeiten der zwei-
ten Jahrhunderthälfte beschreibend, kommentierend und ein-
greifend begleitet hat. Martin Walsers erzählerische und es-
sayistische Kunst, die der >>Gegenwehr gegen den Mangel<<
entspringt, hat den Deutschen das eigene Land und der Welt
Deutschland erklärt und wieder nahe gebracht. Mit seiner Kritik an der deutschen Teilung, die er schon früh als überwindba-
ren Zwischenzustand bezeichnete, hat Martin Walser eine Forderung vorweggenommen, deren Einlösung später von den
Menschen in der DDR erzwungen wurde."

Joachim Kaiser von der „Süddeutschen Zeitung"meint:
„Walser ist kein braver, vorbildlich demütiger, stiller, um Aus-
gleich und Nettigkeit und Konflikminderung bemühter,
weisheitsgetränkter Autor, den das Alter dazu gebracht hat,
totlangweilige Sachen zu schreiben. Nein, Walser ist ein fun-
kelnder Friedenspreisträger: Sein Romanwerk... sichert dem
71-jährigen Poeten den Respekt des lesenden Deutschland."

Frank Schirrmacher von der „Frankfurter Allgemeine Zeitung"
stellt fest:
„Der Preis kommt zur rechten Zeit. Er ehrt den Autor, der Teil
unserer Vergangenheit geworden ist und der die Zukunft vor-
stellbar macht."

Das Börsenblatt für den Deutschen Buchhandel begründet die Entscheidung:

„Er fordert nicht schulterklopfend Sympathien, sondern bezieht klar Position, wenn es um gesellschaftliche und politische Fragen, wie etwa die deutsche Einheit geht. Für diese Unbeirrbarkeit wird der Schriftsteller Martin Walser in diesem Jahr mit dem Friedenspreis des Deutschen Buchhandels ausgezeichnet."[72]

Aus: „Ein fliehendes Pferd":

„Das zeigte ihm, dass er mit einer geradezu höheren Art von Genauigkeit erfasst, durchschaut und bezeichnet war. Jedesmal, wenn ihm das Erkannt- und Durchschautsein... demonstriert wurde, die Vertrautheit mit Eigenschaften, die er nie zugegeben hatte, dann wollte er fliehen... Die benutzten Kenntnisse über ihn, deren Richtigkeit er nicht bestätigt hatte. Sie benützten sie zu seiner Behandlung. Zu seiner Unterwerfung. Zu seiner Dressur. Die wussten ihn zu nehmen. Und je mehr die ihn zu nehmen wussten, desto größer wurde seine Sehnsucht, wieder unerkannt zu sein." (S. 12f)

Walser: „Meinungssoldaten mit Moralpistole"[73]

Als die Medien gemeldet hatten, wer in diesem Jahr den Friedenspreis des Deutschen Buchhandels bekommen werde, trudelten Glückwünsche herein. Zwei Eigenschaftswörter kamen auffällig oft vor im Glückwunschtext. Die Freude der Gratulierenden wurde öfter „unbändig" genannt. Auf die Rede, die der Ausgesuchte halten werde, hieß es auch öfter, sei man gespannt, sie werde sicher kritisch. (...)

Der Ausgesuchte kam sich eingeengt vor, festgelegt. Er war nämlich, als er von der Zuerkennung erfuhr, zuerst einmal von einer einfachen Empfindung befallen worden, die, formuliert, etwa hätte heißen können: Er wird 25 oder gar 30 Minuten

---

72   Buch aktuell, Herbst 1998, S. 57
73   SPIEGEL ONLINE 42/1998

lang nur Schönes sagen, das heißt Wohltuendes, Belebendes, Friedenspreismäßiges. (...)

Ich käme ohne Wegschauen und Wegdenken nicht durch den Tag und schon gar nicht durch die Nacht. Ich bin auch nicht der Ansicht, dass alles gesühnt werden muss. In einer Welt, in der alles gesühnt werden müßte, könnte ich nicht leben.(...)

Gewissen ist nicht delegierbar. Ich werde dauernd Zeuge des moralisch-politischen Auftritts dieses oder jenes schätzenswerten Intellektuellen und habe selbst schon, von unangenehmen Aktualitäten provoziert, derartige Auftritte nicht vermeiden können.

Aber gleich stellt sich eine Bedingung ein, ohne die nichts mehr geht. Nämlich: etwas, was man einem anderen sagt, mindestens genauso zu sich selbst sagen. Den Anschein vermeiden, man wisse etwas besser. Oder gar, man sei besser. (...) In jeder Epoche gibt es Themen, Probleme, die unbestreitbar die Gewissensthemen der Epoche sind. Oder dazu gemacht werden. (...)

Ich habe es nie für möglich gehalten, die Seite der Beschuldigten zu verlassen. Manchmal, wenn ich nirgends mehr hinschauen kann, ohne von einer Beschuldigung attackiert zu werden, muss ich mir zu meiner Entlastung einreden, in den Medien sei auch eine Routine des Beschuldigens entstanden. Von den schlimmsten Filmsequenzen aus Konzentrationslagern habe ich bestimmt schon 20mal weggeschaut. Kein ernst zu nehmender Mensch leugnet Auschwitz, kein noch zurechnungsfähiger Mensch deutelt an der Grauenhaftigkeit von Auschwitz herum; wenn mir aber jeden Tag in den Medien diese Vergangenheit vorgehalten wird, merke ich, dass sich in mir etwas gegen diese Dauerpräsentation unserer Schande wehrt. (...)

Auschwitz eignet sich nicht dafür, Drohroutine zu werden, jederzeit einsetzbares Einschüchterungsmittel oder Moralkeule oder auch nur Pflichtübung. (...) Aber in welchen Verdacht gerät man, wenn man sagt, die Deutschen seien jetzt ein normales Volk, eine gewöhnliche Gesellschaft? (...)

Wie er (Thomas Mann; d. Red.) wirklich dachte und empfand; seine Moralität also teilt sich in seinen Romanen und Erzählungen unwillkürlich und vertrauenswürdiger mit als in den Texten, in denen er politisch-moralisch rechthaben musste. (...) Das möchte man den Meinungssoldaten entgegenhalten, wenn sie mit vorgehaltener Moralpistole den Schriftsteller in den Meinungsdienst nötigen. Sie haben es immerhin soweit gebracht, dass Schriftsteller nicht mehr gelesen werden müssen, sondern nur noch interviewt. (...)

J. Joffe: Erinnerung als Staatsräson[74]

Was lehrt uns der Walser, der nicht vergehen will?... Der Deutsche Diskurs, der seit Kriegsende in stets neuer Variation um Schuld, Scham und Schande kreist, ist keineswegs erstickt, sondern aufgelodert. Das ist deshalb so bedeutsam, weil Martin Walser diesen Diskurs, den ewigen Wiedergänger, mit seiner Rede vom 11. Oktober endgültig unter die Erde bringen wollte...

Es geht um Worte und ihre Funktionen – welche Gefühle und Ressentiments sie zum Schwingen bringen. Lauschen wir noch einmal Walsers insistierender Wiederholung: Auschwitz als „Drohroutine", „Einschüchterungsmittel" und „Moralkeule". Umringt von den „Meinungssoldaten" wähnte Walser sich; bedrängt von der „Instrumentalisierung" und der „Monumentalisierung unserer Schande" (durch das Holocaust-Mahnmal in Berlin)...

Der Sinn der Einlassung war es nicht, neue Zugänge zur deutschen Vergangenheit zu zeichnen – darüber ließe sich gerade in der dritten Generation trefflich streiten. Nein, es sollte endlich Schluss sein mit dem Flagellantentum, mit der „Droh- und Einschüchterungsroutine", damit der beleidigte Nationalist Walser sich endlich im Schoße eines „normalen" Volkes kuscheln kann...

---

74 J. Joffe, Erinnerung als Staatsräson. In: „Süddeutsche Zeitung" vom 12./ 13.12.98

Niemand hat seine Vorlage aufgenommen. Sie haben ihn als Mensch und Schriftsteller in Schutz genommen, sind ihm aber nicht in der Substanz gefolgt...

„Auschwitz", um die Kurzformel zu gebrauchen, ist längst zum konstitutiven Bestandteil dieser Republik, ja zum Teil ihrer Verfassung geworden...

Dieses Deutschland, das glücklichste in der Geschichte, bezieht merkwürdigerweise auch seine positive Identität aus dem Menschheitsverbrechen. Wie das? Die Liste ist endlos. Die Verfassung? Nie wieder Weimar. Staatsbürgerrecht? Nie wieder wie bei den Nazis. Menschenrechte? Damals wurden sie zertrampelt, jetzt sind sie unantastbar. Pressefreiheit? Natürlich, als Bastion gegen die Totalitären.

Außenpolitik? Stets in der Gemeinschaft, damit die Deutschen nie wieder dem Hegemonialwahn verfallen können.

Erinnerung, Reue, Verantwortung sind Teile der ungeschriebenen Verfassung. Anfänglich hat man es dem Ausland zuliebe getan, so wie Adenauer kühl kalkulierend die Wiedergutmachung beschloss, um den USA zu gefallen. Aber daraus ist ein Stück raison d'état geworden. So stellt sich das „bessere Deutschland" dar – nicht im kollektiven Flagellantentum, wie die Walsers wähnen, sondern mit dem Gestus des Geläuterten, der einen moralischen Anspruch zu verkörpern sucht.

Man darf sogar einen Schritt weitergehen. Wenn die Nation am 9. November der „Kristallnacht" gedenkt, tut sie es nicht dem Ignatz Bubis oder der „New Yorker Presse" zuliebe. Dann formuliert sie sich in einem Ritual, das wie alle Rituale Halt, Sinn und Werte vermittelt. Wir erinnern uns an den Horror und zelebrieren so dessen Überwindung. Wer das wie Walser als „Lippenbekenntnis" verhöhnt, verkennt die lebenswichtige Funktion von scheinbar „leeren" Ritualen.

Klaus Harpprecht: Wen meint Wartin Walser?[75]

Über Auschwitz müsse durchdringender geschwiegen werden, schrieb einst der Autor dieser Zeilen. Er schrieb es fragend, zweifelnd und schrieb es dennoch, weil ihn die Angst überkam, die Erinnerung an das Entsetzen und der Respekt vor den Opfern könnten in Grund und Boden gepredigt werden.

Hat Martin Walser in seiner Frankfurter Friedenspreis-Rede der Bitte um wortlose Wahrhaftigkeit entsprochen? War am vergangenen Sonntag sein Protest gegen die „Routine des Beschuldigens", gegen die „Dauerpräsentation unserer Schande" Ausdruck der Scheu, dieses schreckliche Ereignis der Menschengeschichte der Geschwätzmaschine auszuliefern?

Sein Tonfall ist ein anderer. Das Vokabular ist anders. Nicht aus der Trauer, die sich an den Schulmeistereien eines Günter Grass oder am Hochmut Peter Handkes aufreiben mag, nährt sich sein Appell, sondern aus dem Ressentiment, das in einem beleidigten Nationalgefühl zu Hause ist. Den Schlussstrich, den berüchtigten, zieht er nicht. Aber er macht überdeutlich, dass er von Auschwitz nichts hören, nichts mehr sehen will: die Ablehnung begründet als Verteidigung der Individualität des Gewissens, das keiner Öffentlichkeit bedürfe. Mit schwäbischer Vertrotztheit weist Martin Walser die moralisierenden „Meinungssoldaten" der Literatur und Medien zurück.

Ausschwitz eigne sich nicht dafür, „Drohroutine" zu werden, jederzeit einsetzbares Einschüchterungsmittel oder Moralkeule oder auch nur „Pflichtübung", sagt der Schriftsteller. Doch lässt er es dabei nicht; im selben Atemzug fragt er mit aufgesetzter Treuherzigkeit: „Aber in welchen Verdacht gerät man, wenn man sagt, die Deutschen seien jetzt ein normales Volk, eine gewöhnliche Gesellschaft?"

Sind wir's? Fortgewischt die Erinnerung, dass es gerade die Normalität ist, die uns quälend verfolgt: dass die permanente Debatte über die Vergangenheit – die sogenannte – das Ihre getan hat, jene Perversion der Normalität in Schach zu halten

---

75 K. Harpprecht, Wen meint Martin Walser? In: „Die Zeit" Nr. 43 vom 15.10.1998

und uns als Bürger im euröpäischen Haus einzurichten. Normalität? Walsers Worte zeugen davon nicht.

Einsetzbar; Moralkeule; Pflichtübung: Der Beifall des Hauses Frey wird Martin Walser nicht erspart bleiben. „Zitternd vor Kühnheit" vermutet er eine „Instrumentalisierung unserer Schande zu gegenwärtigen Zwecken". Aber wer bedient sich dieses Instruments gegen wen? Warum nennt er Grass, Habermas, Handke und die „intellektuell maßgebende Wochenzeitung", gegen die er anrennt, nicht beim Namen?

Durch die Wolkigkeit der Anklage spannt er das Netz des Verdachts viel weiter: Wer steckt zuletzt hinter der „Drohroutine"? Wer droht wem?

Drohen New Yorker Anwälte, die von der Deutschen Bank Aufklärung über Arisierungsgewinne und von der Allianz Auskunft über unterschlagene Versicherungen fordern? Droht der Jüdische Weltkongress? Israel?

In ungute Nachbarschaft gerät, wer auf der Welle des Ressentiments reitet: dem Beifall entgegen, der den angeblichen Nonkonformismus – einst links, jetzt rechts – immer belohnt. Das Problem der Frankfurter Rede Walsers ist nicht ihre Kühnheit, sondern die Feigheit generalisierender Verdächtigungen. Es wäre besser, in der Tat, er schwiege über Auschwitz.

Fritz Göttler: Der Frieden und sein Preis[76]

Rede oder Widerrede: Was spricht, wenn Walser spricht?... Zwischen Moralapostel und weisem Narren präsentierte sich am Sonntag der Preisträger, eine Gestalt, die man aus dem walserschen Kosmos unter dem Namen Kristlein oder Gallistl kannte. Diesmal trägt sie also den Namen Walser, und der nuschelt sich in seiner Rede wie gehabt durch die Stichpunkte der öffentlichen (also auch: der Stammtisch-)Diskussionen...

---

76 F. Göttler, Der Frieden und sein Preis. In: „Süddeutsche Zeitung" vom 14.10.98

Starke Sätze enthält die Rede, aber man wird jeden Satz missverstehen, wenn man den Text nach rhetorischen, nicht nach literarischen Kritierien angeht. Der richtige Text am falschen Ort – darin besteht die ganze Provokation. Die Einzelverwertung der Sätze aber hat schon eingesetzt. Walser war sich des Risikos bewusst und wird mit den Folgen leben – als Verbreiter von Begriffen wie „Routine des Beschuldigens" oder „Instrumentalisierung unserer Schande", von Auschwitz als „Drohroutine, Einschüchterungsmittel, Moralkeule, Pflichtübung": „Anstatt dankbar zu sein für die unaufhörliche Präsentation unserer Schande, fange ich an wegzuschauen."

Zeitgeist geht vor Ästhetik – so simpel hat Walser selbst, im vorhinein, diese Reaktion kommentiert. Weh dem, der Symbole sieht: Gewissen ist intim, sagt er, und „öffentliche Gewissensakte sind deshalb in der Gefahr, symbolisch zu werden."... Moralität fordert Walser statt Meinung, und er erläutert es am Beispiel Thomas Manns. Würde, so fragt er, auch im eigenen Interesse, die „Öffentlichkeit ärmer oder gewissensverrohter, wenn Dichter und Denker nicht als Gewissenswarte der Nation aufträten?" So kehrt Walser den Mythos vom kritischen Intellektuellen um. Zum homme de lettres hat es nie gereicht bei ihm, aber er weigert sich, den Gewissenswart zu spielen – was man wohl erwartet vom Friedenspreisträger... Das war vielleicht der Traum der Sechziger und Siebziger, die Illusion vom politischen Engagement des Schriftstellers. Aber Walser will kein Schreiber werden, er will und kann nicht das Geschäft von Presse und Politik betreiben...

Walsers Rede, kein Zweifel, ist störrisch, naiv, spießig. Es ist ungeheuerlich – er besteht auf sein Recht, sich nicht wecken zu lassen.

R. Baumgart: Sich selbst und allen unbequem[77]

Der Weg des Martin Walser als „geistiger Brandstifter"

... Endlich keine Preisträger-Rhetorik, die musterhaft nur sich selbst und eine allseits anerkannte und willkommene Gesinnung vorführt. Sondern ein öffentlicher Akt der „Selbsterkundung" – so jedenfalls hat Walser seinen Paulskirchenauftritt vor Duisburger Studenten zu erklären versucht: „Ich taste in meinen Bewusstseinszuständen herum, um mich selbst kennen zu lernen." Das klingt so sanft, so behutsam, das täuscht. Wer immer einer Rede von Walser zuhört, der gerät mit dem Redner in einen Strudel von Fragen, Vermutungen, Provokationsversuchen, „geistigen Brandstiftungen", auch und gerade im eigenen Bewusstsein. Wo nämlich der Selbsterkunder, wie er uns immer wieder verraten hat, zwar lauter mögliche Meinungen vorfindet, aber zu jeder auch immer schon die Gegenmeinung: „Ich teile so ziemlich alle landläufigen Meinungen. Und zwar in einem mich manchmal selber erschreckenden Ausmaß." Deshalb der Kampf, der Krampf, die Zerrissenheit beim öffentlichen Auftritt, deshalb auch immer wieder die Lust am Tanz über Tabuminenfelder. Inständig wird versucht, ein inneres Stimmengewirr reich auszudrücken, doch übrig bleiben dann nur ein paar grelle Signale: „Moralkeule", „Wegschauen", "Erinnerungsdienst".

Mir ist also inzwischen klar, dass ich eine andere, sogar wildere Rede gehört habe als die jetzt umstrittene, ein walsersches Chaostraktat, in dem vier, fünf, sieben Reden auseinander hervorstürzen. Denn geredet, sanft und unsanft gewütet hat Walser über den Reiz und die Unmöglichkeit einer schönen Sonntagsrede, über das Wegschauen, wenn der Bildschirm täglich „die Welt als eine unerträgliche vorführt", über Schiller, Goethe, Kleist, die Toleranz und über den Unterschied zwischen Meinen und Erzählen, demonstriert am Beispiel seines ehemaligen Intimfeinds Thomas Mann...

Denn plädiert hatte Walser schließlich für die Einsamkeit des Gewissens und für den Verdacht, ein öffentlich präsentiertes,

---

77   R. Baumgart, Sich selbst und allen unbequem. In: „Die Zeit" Nr. 51 vom 10.12.98

gut schlechtes Gewissen wäre keins, sondern „Lippengebet", also ritualisiert und instrumentalisierbar.

Damit war er beim Holocaust, und einzig das ist haften geblieben. (Walser, altmodisch, sagt immer nur „Auschwitz", meidet die von Hollywood geprägte Holocaust-Vokabel. In deren Schutz sich flüssiger, feierlicher, heuchlerischer debattieren lässt als unter den harten, richtigeren Namen „Judenmord" oder „Endlösung".)...

Wer das kennt, konnte auch wissen, dass dieser Friedenspreisträger eher der Richtige wäre für jeden Unfriedenspreis dieser Welt. Seine Lust an der eigenen und anderer Unbequemlichkeit, eine Gereiztheit gegen alle nicht mehr befragten Gedanken und Übereinkünfte haben ihn immer wieder motiviert zum Aufbrechen von Denk- und Fragetabus, auch der eigenen...

H.-J. Thron: Die falsche Tür geöffnet[78]

Ignatz Bubs nimmt den Vorwurf der geistigen Brandstiftung zurück.
Martin Walser sieht nicht ein, dass seine Rede auch missverstanden werden kann. Der Vorwurf ist vom Tisch. Ignatz Bubis, Vorsitzender des Zentralrats der Juden in Deutschland, beschuldigt den Schriftsteller Martin Walser nicht länger der „geistigen Brandstiftung"... Nach einem knapp vierstündigen Disput, vermittelt von der „Frankfurter Allgemeinen Zeitung", war es soweit. Ignatz Bubis lenkte gegenüber dem Schriftsteller ein: „Nachdem Sie in diesem Gespräch ihren Standpunkt erläutert haben, nehme ich den Ausdruck ‚geistiger Brandstifter' zurück." ... Doch Martin Walsers unmittelbare Antwort verdeutlicht, wie wenig sich die beiden Streithähne tatsächlich näher kamen: „Das brauchen Sie nicht", meinte Martin Walser zu der allgemein erhofften Geste von Bubis. „Ich bin keine Instanz, vor der man was zurücknimmt. Ich bin kein Offizier aus dem Casino. Ich brauche das nicht." Eine Portion Starrsinn

---

78   H.-J. Thron, Die falsche Tür geöffnet. In: „Südwest Presse" vom 15.12.98

sprach da mit. Martin Walser, der wortgewaltige, sprach-mächtige und viel gelesene Beschreiber deutscher Innerlich-keit mochte in der angespannten Atmosphäre des Hin und Her mit Bubis nicht einsehen, dass seine notwendige und begrü-ßenswerte Friedenspreisrede auch missverstanden werden kann. Zumindest von jenen, die ihn missverstehen wollen und damit Missbrauch treiben...

Nein, Walser konnte und wollte das nicht verstehen. Selbst als Bubis zum Abschluss des Frankfurter Gesprächs hinzufügte, dies sei gewiss nicht absichtlich geschehen, „aber Sie haben das Tor geöffnet.", konnte sich Walser nicht zu diesem Zuge-ständnis durchringen. Er leistete statt dessen einem neuen Missverstehen Vorschub, indem er antwortete: „Da muss ich natürlich hinzufügen, dass es dann höchste Zeit war, dass die-ses Tor einmal geöffnet wurde." Salomon Korn, Mitglied des Zentrarats der Juden, blieb nur die hilflose Feststellung, dass hier offenbar von zwei verschiedenen Toren geredet werde.

Mehrmals rechtfertigte sich Martin Walser damit, dass er nur seine „Selbsterkundung öffentlich vorgeführt habe, in einer persönlichen, literarischen Sprache, nicht der eines Politikers. Und er beklagte die Entstehung eines Sprachgebrauchs, „in dem dem Gewissen Vorschriften gemacht werden, wie es an Auschwitz denken soll". Walser gestand zwar zu, er habe „viel-leicht zu wenig deutlich gemacht, dass es öffentliche Erinne-rungspflege geben soll". Er wolle sich aber nicht vorschreiben lassen, wie er sich zu erinnern habe. Bubis und Walser stimm-ten schließlich darin überein, dass die angemessene Sprache für den Umgang mit der deutschen Vergangenheit noch nicht gefunden sei. Auf Walsers Bemerkung, man müsse für ein „ge-meinsames Erinnern" arbeiten, antwortete Bubis, dieser Satz hätte ausgereicht, um Walsers Rede unmissverständlich zu machen. Doch so einfach macht es der Dichter sich und der Nation nicht.

The Beatles: Lucy In The Sky With Diamonds [79]

1. Picture yourself in a boat on a river with tangerine trees and marmalade skies.

Somebody calls you, you answer quite slowly a girl with kaleidoskope eyes.

Celophane flowers of yellow and green, towering over your head.

Look for the girl with the sun in her eyes and she's gone. Lucy in the sky with diamonds.

Lucy in the sky with diamonds. Lucy in the sky with diamonds.

2. Follow her down to a bridge by a fountain where rocking horse people eat marshmallow pies.

Ev'ryone smiles as you drift past the flowers that grow so incredibly high.

Newspaper taxis appear on the shore, waiting to take you away

Climb in the back with your head in the clouds and you're gone.

Lucy in the sky with diamonds.

Lucy in the sky with diamonds. Lucy in the sky with diamonds.

3. Picture yourself on a train in a station with plasticine porters with looking glass ties.

Suddenly someone ist there at the turnstile, the girl with kaleidoscope eyes.

Collophane flowers of yellow and green, towering over your head.

Look for the girl with the sun in her eyes and she's gone. Lucy in the sky with diamonds.

Lucy in the sky with diamonds. Lucy in the sky with diamonds.

Die deutsche Übersetzung:

Lucy im Himmel mit Diamanten

1.Stell dir vor, du sitzt in einem Boot, auf einem Fluss mit Madarinenbäumen und unter einem Marmeladenhimmel.

---

79 Text und Musik: John Lennon und Paul McCartney aus: Beatles Complete, Wise Publications, London/ New York/ Sydney, o. J., S. 136

Jemand ruft dich, du antwortest ganz langsam einem Mädchen mit Kaleidoskop-Augen.

Zellophanblumen in gelb und grün türmen sich über deinem Kopf.

Schau nach dem Mädchen mit der Sonne in ihren Augen und sie ist weg.

Lucy im Himmel mit Diamanten...

2. Folge ihr hinunter zu einer Brücke bei einem Brunnen, wo Schaukelpferdleute Marshmellow-Kuchen essen.

Jeder lächelt, während du an den Blumen, die so unglaublich hoch wachsen, vorbeitreibst.

Zeitungstaxis erscheinen am Ufer und warten darauf, dich mitzunehmen.

Steig hinten ein mit dem Kopf in den Wolken und du bist weg.

Lucy im Himmel mit Diamanten...

3. Stell dir vor, du sitzt in einem Zug in einem Bahnhof mit Plastilinträgern, die Spiegelkrawatten tragen.

Plötzlich ist da jemand am Drehkreuz, das Mädchen mit den Kaleidoskop-Augen.

Zellophanblumen in gelb und grün türmen sich über deinem Kopf.

Schau nach dem Mädchen mit der Sonne in den Augen und sie ist weg.

Lucy im Himmel mit Diamanten...

13. Literaturverzeichnis

Primärtexte

Walser, M.: Ein fliehendes Pferd, Frankfurt a. M. 1980
ders.: Wer ist ein Schriftsteller?, Frankfurt a. M. 1979
ders.: Ein springender Brunnen, Frankfurt a. M. 1998
ders.: Erfahrungen und Leseerfahrungen, Frankfurt a. M. 1965
Goethes Werke hrsg. von H. Kurz: Erster Band., Gedichte, Bibliografisches Institut Leipzig und Wien o. J.
ders.: Wahlverwandtschaften. In: a.a.O., Dritter Band.
Nietzsche, F.: Also sprach Zarathustra, Stuttgart 1975
Kierkegaard, S.: Entweder – Oder, München 1975

Handbücher:

Geschichte:
Bracher, K. D. u.a.: Geschichte der Bundesrepublik Deutschland, Republik im Wandel 1969-1974, Die Ära Brandt, Bd. 5/I, Stuttgart 1986

Literatur:
Arnold, H. L., (Hg.): Kritisches Lexikon zur deutschsprachigen Gegenwartsliteratur, Edition Text & Kritik, München o.J.
Beutin, W., (Hg.): Deutsche Literaturgeschichte, Stuttgart 1979
Braak, I.: Poetik in Stichworten, Kiel 1974
Ehlen, W.: Formen der Dichtung, Köln 1973
Kindlers Literaturlexikon: München 1986
Lutz, B., (Hg.): Metzler Autoren Lexikon, Stuttgart 1986
Lützeler, P. M., McLeod, J. E.: Goethes Erzählwerk, Interpretationen, Stuttgart 1985
Propyläen: Geschichte der Literatur, Bd.V, Das Bürgerliche Zeitalter 1830-1914, Berlin 1988
Schumann, O., (Hg.): Grundlagen und Technik der Schreibkunst, Herrsching 1983

Philosophie:

Riedel, M., (Hg.): Geschichte der Philosophie in Text und Darstellung, 19. Jahrhundert, Bd.7, Stuttgart 1981

Störig, H.J.: Kleine Weltgeschichte der Philosophie, Frankfurt a. M. 1966

Weischedel, W.: Die philosophische Hintertreppe, Frankfurt a. M. 1985

Musik:

Honegger/ Massenkeil: Das große Lexikon der Musik, Bd.7, Freiburg 1987

Lindlar, H., (Hg.): rororo Musikhandbuch 2 Bde., Reinbek 1973

Einzeldarstellungen:

Flasch, K.: Nietzsche Brevier, Stuttgart 1992

Löwith, K.: Nietzsches Philosophie der ewigen Wiederkehr des Gleichen, Stuttgart 1956

Biografie:

Frenzel, I.: Friedrich Nietzsche, Reinbek 1977

Hayman, R.: Friedrich Nietzsche, München 1985

Der Autor und sein Werk:

Siblewski, K.: Martin Walser, Frankfurt 1981

Waine, A.: Martin Walser, München 1980

Arnold, H.L. u.a.: Martin Walser, München 1983

Novelle:

Aust, H.: Novelle, Stuttgart, 2. Auflage 1995

Wiese, B. v.: Die deutsche Novelle, Von Goethe bis Kafka Bd.2, Düsseldorf 1962

Literatur zu „Ein fliehendes Pferd":

Behre, M.: Erzählen zwischen Kierkegaard- und Nietzsche-Lektüre in Martin Walsers Novelle „Ein fliehendes Pferd". In: LWU 23, 1990, S. 3 -18

Bohn, V.: Ein genau geschlagener Zirkel. Über ‚Ein fliehendes Pferd'. In: Siblewski, K., (Hg.): Martin Walser. Frankfurt 1981, S. 150-168

Blocher, F., K.: Unter dem Diktat des Scheins. Zu Walsers „Ein fliehendes Pferd". In: ders., Identitätserfahrung 1984, S. 85-96; S. 145-146

Dierks, M.: ‚Nur durch Zustimmung kommst du weg'. Martin Walsers Ironie-Konzept und ‚Ein fliehendes Pferd'. In: LfL 7, 1984, S. 44-53

Hick, U.: Martin Walsers Prosa. Möglichkeiten des zeitgenössischen Romans unter Berücksichtigung des Realismusanspruchs, Stuttgart 1983

Jansen, A. Ch.: Walsers ‚Ein fliehendes Pferd'. Rezeption und Standortbestimmung in der bundesdeutschen Wirklichkeit. Diss. Univ. New York, 1982

Knorr, H.: Gezähmter Löwe – fliehendes Pferd. Zu Novellen von Goethe und Martin Walser. In: LfL 2, 1979, S. 139-157

Rockwood, H. M.: The nature dimension in Martin Walser's ‚Ein fliehendes Pferd'. In: Philological papers 37 1991, S. 194-201

Schote, J.: Martin Walsers Novelle ‚Ein fliehendes Pferd'. In: Orbis litterarum 46 1991, S. 52-63

Sinka, M., M.: The flight motif in M. W's ‚Ein fliehendes Pferd'. In: Mh Dt U 74, 1982, S. 47-58

Struck, H.E.: Ein fliehendes Pferd, München 1988

Weber, A.: Martin Walser: Ein fliehendes Pferd. In: Lehmann, J. (Hg.): Deutsche Novellen von Goethe bis Walser. Interpretationen für den Deutschunterricht. Bd.2, Scriptor 1980, S. 156, 281-300

Weinig, S.: Kierkegaardian reflections in M. W.'s „Ein fliehendes Pferd". In: Colloquia Germanica 25, 1992, N. 3/4, S. 275-288

Wiethhölter, W.: „Otto" – oder sind Goethes ‚Wahlverwandtschaften' auf den Hund gekommen? Anmerkungen zu M.W's Novelle „Ein fliehendes Pferd". In: ZDP 102 ('83), S. 240-259

Zimmermann, W.: Martin Walsers: 'Ein fliehendes Pferd'. Novelle (1978). In: ders., Deutsche Prosadichtung des 20. Jh., Bd. 3 ('88) S. 104-140

Rezensionen:

Arnold, H., L.: Die Verstörung von Urlaubsgefühlen. In: Deutsches Allgemeines Sonntagsblatt, 12.3.1978

Ayren, A.: Martin Walser: Ein fliehendes Pferd. In: Neue Deutsche Hefte, Nr. 158, 1978, S. 357- 361

Bachmann, D.: Die Lebensbitterkeit erträglich machen. In: Die Weltwoche, 25.3.1978

Baumgart, Reinhard: Überlebensspiel mit zwei Opfern. In: Der Spiegel, 27.2.1978

Bock, H., B.: Rodeo auf dem Bodensee. In: Nürnberger Nachrichten, 2.3.1978

Boie, K.: Ist Gallistl jetzt integriert? In: die tat, 21.4.1978

Dittberner, H.: Einer, der nichts (alles) zugibt. In: Frankfurter Rundschau, 4.3.1978

Grack, G.: Studienrat Halm, Mitte 40, auf der Flucht. In: Der Tagesspiegel, 14.5.1978

Helwig, W.: Martin Walsers Meisternovelle. In: Frankfurter Hefte, Nr.7, 1978, S. 75-77

Henrichs, B.: Narziss wird fünfzig. In: Die Zeit, 24.2.1978

Kaiser, J.: Martin Walsers blindes Glanzstück. In: Merkur, Nr. 8, 1978, S. 828-838

Lodemann, J.: Urlaubsbegegnung zweier Panzerschiffe. In: Badische Zeitung, 1.3.1978

Maus, S.: Die Frauen sind wichtiger als die Männer. In: Stuttgarter Nachrichten, 10.3.1978

Neumann, N.: Ein Dichter schlägt zurück. In: Der Stern, 13.7.1978

Plötz, D.: Das erzählte Abenteuer. In: Deutsche Volkszeitung, 6.4.1978

Reich-Ranicki, M.: Martin Walsers Rückkehr zu sich selbst. In: Frankfurter Allgemeine Zeitung, 4.3.1978

Ritter, R.: Kleinbürger sind auch nur Menschen. In: Unsere Zeit, 18.5.1978

Rotzoll, Ch.: Das ist ein Männerstück. In: Welt am Sonntag, 26.3.1978

Schmidt, A.: Martin Walser, das Leiden und das Eingespielte. In: Basler Zeitung, 4.3.1978

Schyle, H.J.: Zwei Ehemänner in der Krise. In: Saarbrücker Zeitung, 3. März 1978

Strech, H.: Halbzeit am Bodensee. In: Rheinische Post, 25.3.1978

Wapnewski, P.: Männer auf der Flucht. In: Deutsche Zeitung Christ und Welt, 10.3.1978

Werth, W.: Zwei Männer gleiten über den Bodensee. In: Süddeutsche Zeitung, 25.2. 1978

Zehm, G.: Der Oberstudienrat im Clinch mit einem Fliegengewicht. In: Die Welt, 21.3.1978

Sozial- und Inidividualpsychologie:

Grunberger, B.: Vom Narzissmus zum Objekt, Frankfurt a. M. 1982

Goffman, E.: Wir alle spielen Theater, Die Selbstdarstellung im Alltag, München 1985

Goleman, D.: Emotionale Intelligenz, München 1996

Hanna, Th.: Beweglich sein – ein Leben lang, München 1990

Kohut, H.: Narzissmus, Frankfurt a. M. 1983

Lasch, Ch.: Das Zeitalter des Narzissmus, München 1982

Lepenies, W.: Melancholie und Gesellschaft, Frankfurt a. M. 1972

Lidz, Th.: Das menschliche Leben, Die Entwicklung der Persönlichkeit im Lebenszyklus, 2 Bde., Frankfurt a. M. 1974

Marcuse, H.: Triebstruktur und Gesellschaft, Frankfurt a. M. 1984

Schmidbauer, W.: Die Angst vor der Nähe, Reinbek 1986

ders.: Die Ohnmacht des Helden, Unser alltäglicher Narzissmus, Reinbek 1981

Willi, J.: Die Zweierbeziehung, Reinbek 1986

ders.: Was hält Paare zusammen?, Reinbek 1991

Reiseliteratur:

Jost, D. (Hg.): Bodensee, Frankfurt a. M. 1993

Dewiel, L.L.: Der Chiemgau, Köln 1993

Ebert, Kh.: Bodensee und Oberschwaben, Köln 1988

Literaturdidaktik:

Fritsche, J.: Zur Didaktik und Methodik des Deutschunterrichts Bd. 3, Umgang mit Literatur, Klett, Stuttgart 1998

Lange, G., u.a.: Taschenbuch des Deutschunterrichts, Literaturdidaktik, Bd.2, Hohengehren 1998

Nündel, E.: Lexikon zum Deutschunterricht, München 1981, 2. Auflage

Willenberg, H., u.a.: Zur Psychologie des Literaturunterrichts, Diesterweg, Frankfurt a. M. 1987

Blickpunkt - Text im Unterricht

„Lesen" und „Interpretieren" von Texten dominieren seit jeher den Deutschunterricht unserer Schulen. Stets wird zunächst der Text zentraler BLICKPUNKT sein, und jede produktive und schöpferisch modulierte Arbeit wird nur entlang des gelesenen Textes erfolgen können.

In diesem Sinne will die Reihe BLICKPUNKT - TEXT IM UNTERRICHT jedem Lernenden und Unterrichtenden mit Interpretationen näherkommen, Sichtweisen und ergänzende Materialien, die den jeweiligen Text aufschließen, vermitteln.

weitere Bände folgen!

Zu beziehen in Ihrer Buchhandlung!
Joachim Beyer Verlag - 96142 Hollfeld
Telefon: 09274 - 95051 - Fax: 09274 - 95053
e-mail: Beyer.Verlag@t-online.de, www.beyerverlag.de